KB238803

중국어 핵심문법

林永澤 著

제이앤씨
Publishing Company

　문법은 건축물의 기초 골조와 같다. 잘 짜여진 얼개가 구조적으로 짜임새 있게 자리 잡은 건축물은 무수한 세월의 풍화와 고초를 겪더라도 오래도록 길이 남을 고색창연한 명품 건물이 될 수 있다. 어학교육도 마찬가지여서 초급 학습단계에서 확립된 튼튼한 기초는 중급을 거쳐 고급단계에 이르기까지 유창한 언어를 구사하고 응용하는 언어학습의 필수불가결한 기본 요소가 될 것이다.

　하나의 언어에는 언중들의 사유체계 속에 자리 잡은 일련의 언어규칙들이 있기 마련이다. 이는 결코 인위적 산물이 아니며 오랜 세월을 겪으며 탄생, 변화, 발전해오는 과정 속에 언중들 간에 자연적으로 생성된 암묵적인 약속인 것이다. 이 약속을 위반한 언어의 사용은 언중들로부터 배척을 당하게 되어 적어도 그 언어사회에서는 이미 언어로서의 기능을 상실하게 되고 말 것이다. 한 언어사회의 구성원으로서 언중들과의 의사소통을 원활히 하기 위한 튼실한 기초는 무엇보다도 '문법'의 확고한 정립일 것이다. 최근의 어학교육 패러다임이 대단히 실용적이고 직관적인 교수와 학습의 방향으로 전환되는 추세이지만, 그러나 이러한 경향이 문법교육의 중요성을 경감시키는 유발요인이 되지는 못한다. 문법이란 백색의 도화지 위에 수채화를 그려나가기 위한 밑그림이 되며, 그림이 완성되고 난 뒤에도 알록달록한 채색 뒤에서 자신의 존재를 선연히 드러내고 있는 바탕선의 작용을 하는 것이다.

　대부분의 학생들은 자의든 타의든 간에 어학학습에 있어 문법의 중요성을 인식하고 있다. 그러나 문법은 늘 학생들에게 친근히 다가가지 못하고 학습자의 주변에서만 겉돌고 있는 불편한 존재로 각인되고만 있는 현실이 안타까울 뿐이다. 예를 들어 어린 시절부터 영어교육에 몰입해 온 요즘의 학생들에게 대학에서의 문법교육이란 그저 새삼스럽고 거북스런 존재일 뿐 그들의 학습에 실질적 도움을 주거나 영어학습의 새로운 전기를 맞게 해 줄 돌파구로서의 역할은 전혀 하지 못하고 있는 것이 안타까운 현실이다. 이미 오랜 동안의 영어학습에서 문법이라는 불편한 동반자와 원치 않는 길을 동행해 온 요즘의 학생들에게 새로운 언어로서의 중국어 문법은 가까이 하기엔 더더욱 멀게 느껴지는 또 하나의 거북스런 대상일 뿐인 것이다.

　이러한 문제는 최근 시중에 출간된 다양한 중국어 문법서들이 학습자로서의 입장이라기보다는 교수자로서의 접근으로써 중국어 문법 내용 주입을 위한 강한 열정만을 담고 있을 뿐 간결하고 핵심적인 내용 전달에 있어서는 여러 가지 아쉬운 점을 안고 있기 때문으로 이해된다. 요즘 학생들의 대체적인 경향이란 복잡한 내용의 이해는 날로 기피하는 추세이며 보다 간결하고 핵심적인 내용만을 받아들이려 하는 모습이 대부분인데, 이는 IT시대가 도래

한 이후 변화해가는 우리 사회 전체의 모습과 궤를 같이 한다고 볼 수 있다. 기존의 문법서들은 다루고 있는 문법범주가 너무 광범위하거나 내용 서술이 매우 장황한 단점들을 안고 있다. 모두 나름대로의 특색을 강조하며 중국어 문법 학습의 충실한 안내자 역할을 하고자 자처하지만 지나치게 복잡한 설명은 오히려 학생들을 혼란에 빠뜨리는 결과를 초래할 수 있어 아쉬울 따름이다.

이에 오랜 동안 중국어 문법교육에 종사해 온 한 사람으로서 보다 친근한 문법 교수와 학습을 위해 고심해 왔기에, 그간 강단에서의 강의내용을 정리해 간결하면서도 필수적인 내용을 담고 있는 문법서를 출간해 보고자 하였다. 이 책은 고급단계 학습자를 위한 것이 아니라 초·중급단계에서 중국어 문법의 기본적 틀을 갖추고자 하는 이들을 돕기 위해 만든 것이다. 가급적 장황한 설명은 배제하려 노력하였으며, 다루고 있는 문법범주도 최대한 선별하여 꼭 알아야 할 내용만을 싣고자 나름대로 애를 써 보았고, 대신 각 장절별로 많은 예문을 제시하여 학생들이 문법설명과 예문을 대조해 보는 과정에서 자연스럽게 문리(文理)를 터득할 수 있도록 노력하였다.

독자들의 수요란 실로 다양하기에 그 수요의 어느 부분에 초점을 맞추어 집중하느냐 하는 문제는 난감하기 짝이 없는 문제이지만, 본서는 명백히 중국어 초·중급자를 대상으로 문법의 기본적 틀을 확립하도록 하였음을 재삼 밝혀 두기로 한다. 따라서 그동안 중국어 문법 강의를 하며 노트에 모아 두었던 핵심적인 내용과 예문들을 그대로 실어 두었으며, 자세한 설명 위주가 아니라 핵심 요점정리 노트와 같은 체재와 내용으로 구성하였다. 중국어 문법 수업을 위한 교재로 사용하고자 하므로 수업시간에 활용할 수 있음은 물론 초·중급자의 독학용 교재, 그리고 등·하교길의 버스나 지하철에서 핸드북으로 활용하면 중국어 문법의 요점만을 머리 속에 확실히 집어 넣을 수 있으리라 믿는다.

울창한 숲에 들어 가 나무의 줄기와 잎사귀들을 살펴보면 그 나무의 세세하고 아름다운 모습을 자세히 관찰할 수는 있지만 숲의 전체적인 윤곽이나 자신이 서 있는 정확한 위치는 알아낼 도리가 없는 법이다. 과연 숲의 어느 부분까지 들어 가 얼마만큼의 나무를 관찰할 것인지가 관찰자로서는 대단히 중요한 선택의 몫이 될 터인데, 이는 관찰자 스스로는 판단하기 어려운 측면이 다분하기 마련이다. 이에 규모가 크고 아름다운 수목원에서는 전문 숲해설가가 탐방자를 안내해주기 마련이며, 이에 본서는 중국어 문법학습이란 숲여행에 친절하고 든든한 안내자가 되고 싶은 것이다.

최근 전세계적인 중국어 학습의 열풍을 타고 우리나라에서도 많은 이들이 중국어 학습에 날로 매진하고 있다. 어학 학습에 있어 최초 필수조건은 그 언어의 기본적 얼개를 이해하는 것임은 두 말할 나위가 없다. 본서가 이들을 위한 충실한 안내자가 될 수만 있다면 이는 중국어 교수자로서 최대의 기쁨과 영광이 될 수 있을 것이라 믿는다. 아무튼 이 책을 통해 학습자들이 초급단계에서부터 중국어에 흥미를 느끼고 이를 토대로 보다 심층적인 문법내용의 학습으로 도전의 의지를 가져 나갈 수 있기를 바라며, 모두가 소기의 학습목표를 달성할수 있기를 기대해본다.

2013년 3월 1일
聖柱山 기슭에서
林 永 澤

제1장
기본 문법단위

중국어
핵심문법

기본 문법단위

01 문법이란?

　문법이란 '언어구조의 규칙', 즉 '입말과 글말의 규율'을 의미하며, '언어구조'란 개별적인 단어[词]나 구[词组] 또는 문장[句子]의 구성과 유형을 의미한다. 소리와 의미가 결합된 하나의 부호가 또 다른 부호와의 결합이 시도될 때는 일정한 규칙에 의하여 하나의 단어로 탄생하게 되며, 이렇게 형성된 단어들 간의 조합도 규범화된 틀에 의하여 새로운 의미체계를 만들어 나가게 된다.

　'언어구조의 규칙'은 객관적이며 귀납적인 실체이므로 한 가지 언어에는 단지 한 종류의 문법만이 존재할 수 있다. 그러나 객관적인 현상을 바라보는 주관적 관점이 모두 다르므로 개별적인 차이에 따라 언어규칙에 대한 해석은 각각 달라지게 되며, 한편 문법학이라고 하면 이러한 언어구조의 규칙에 대해 심도있게 연구하고 공부하는 과학의 분야를 의미한다.

　아래 여러 중국어 문장 중에서는 단지 ①만이 중국어 언어구조 규칙에 따라 올바르게 배열된 문장이며, ②, ③, ④, ⑤, ⑥은 중국인들의 언어습관이나 규칙에 맞지 않는 비문(非文)들이다.

　① **我买了一斤苹果。** (나는 사과 한 근을 샀다)

　② 买了一斤我苹果。 *[1]

③ 一斤苹果买了我。*

④ 苹果我一斤买了。*

⑤ 苹果我买了一斤。*[2]

⑥ 了一斤我买苹果。*[3]

언어는 일정한 사회 구성원들 간에 규정된 암묵적 약속이므로, 그 약속에 어긋난 언어행위는 해당 언어사회의 언중들로부터 외면당할 수밖에 없다. 중국어를 사용하는 언중들과의 약속에 부합하는 언어규칙이 바로 '중국어문법'이라 할 수 있으며, 입말이나 글말 모두 이 규칙에 어긋나지 않아야 중국어 언어사회의 구성원으로 참여할 수 있는 것이다.

중국어는 언어 유형학적으로 볼 때 '고립어(孤立語)[4]'에 속하므로 어순(語順)이 중요한 문법적 기능을 하는 대표적 언어이다. 형태소와 단어를 규칙에 맞추어 올바르게 배열하는 것이 무엇보다 중요한 문법적 행위이며, 이를 정확히 터득하고 활용하기 위하여 중국어문법을 학습하는 것이다.

언어는 끊임없이 변화해가는 특성을 갖고 있는데, 언어의 세 가지 범주, 즉 '문법, 음운(어음), 어휘'를 변화 속도에 따라 느린 순부터 나열하면 '어휘 > 음운 > 문법'순이며, 중국어도 예외는 아니어서 중국 민족 수 천 년의 역사 발전 기간 동안 문법이 가장 느린 변화발전의 양상을 보이고 있다.

(1) 현대중국어 문법의 주요 특징

1) 어휘 자체의 형태 변화가 없다.

어휘 자체에 성(性), 수(数), 격(格), 시제(時制) 등에 따른 형태의 변화가 없다. 이는 고립어가 갖고 있는 고유의 특징으로서 교착어(膠着語)나 굴절어(屈折語)와 구분되는 가장 중요한 특징이다. 영어, 불어, 독어, 러시아어 등 서구의 언어는 대부분 굴절어에 속하므로 형태 변화가 매우 활발하지만 중국어에는 이러한 특징이 없다.

A) 격(格) 변화가 없다

중국어는 격(格)에 따른 변화가 없으나 한국어는 격에 따라 조사가 달라지며 영어도 격과 수에 따라 형태가 변화한다.

① 我愛她。　　　　　　　　她愛我。

② 나는 그녀를 사랑한다.　　　　그녀는 나를 사랑한다.

③ I love her.　　　　　　　She loves me.

B) 동사의 변화가 없다

영어에서는 인칭대명사의 종류나 수(数)에 따라 동사가 달라지나 중국어에서는 변화가 없다.

① 영어의 be동사　　am, are, is, was, were, been

② 중국어의 '是'　　我是学生, 他也是学生, 我们都是学生。

　　　　　　　　　(나는 학생이고, 그도 학생이며, 우리는 모두 학생이다)

2) 하나의 품사가 어음형식을 바꾸지 않고도 서로 다른 문장성분으로 쓰일 수 있다.

굴절어나 교착어의 경우, 하나의 단어가 문장성분을 달리 하여 사용될 때, 예를 들어 동사였던 단어를 주어나 목적어로 사용할 경우 명사성성분으로 바꿔야 하므로 본래의 단어에 형태적 변화가 일어나 명사성성분으로 바뀌게 된다.

• 영어의 동사 '**love**' : I **love** you. (동사 love--술어로 사용됨)

　　　　　　　　　　To love and **to be loved** is the most happiness in the world.

　　　　　　　　　　('to'부정사의 명사적 용법--주어로 사용됨)

• 중국어 '**学习**' :

① 주어: **学习**是获得知识的源泉。(**학습**은 지식을 얻는 원천이다)

② 술어: 一个人只要活着, 就得不断**学习**。(사람은 살아있는 한 끊임없이 **학습해야** 한다)

③ 목적어: 爱**学习**, 爱工作。(**학습**을 사랑하고, 일을 사랑한다)

④ 관형어: **学习**方法影响着**学习**效果。(**학습**하는 방법은 **학습**의 효과에 영향을 미친다)

- 중국어 '高' :

  ① 술어: <u>天</u>高 (하늘이 높다)

  ② 목적어: 登<u>高</u> (높은 곳에 오르다)

  ③ 관형어: <u>高</u>龄 (높은 연령)

  ④ 부사어: <u>高</u>飞 (높이 날다)

  ⑤ 보어: 养<u>高</u> (고귀하게 기르다)

  ⑥ 병렬구조: <u>高</u>低 (높고 낮음)

3) 어순[语顺]과 허사[虚词]가 중요한 문법적 역할과 기능을 한다.

　중국어에는 형식표지가 없다[5]. 이는 고립어의 전형적인 특징인데, 즉 형태소나 단어 등 어휘 자체의 형태 변화가 거의 없으므로 한 문장 속에서의 중요한 문법적 기능과 역할은 어순과 허사에 의해 좌우된다. 어순이 바뀌면 본래의 문장과는 전혀 다른 의미의 문장이 되며, 허사의 교체에 의해 시제(時制)나 상(相), 능동과 피동 등의 의미를 표현한다.

A) 어순에 따른 의미의 차이

(1) 어순이 바뀌면 각 문장성분 간의 관계가 달라지므로 전혀 다른 의미로 바뀐다.

　　山 ＋ 高 (산이 높다) ⟺ 高 ＋ 山 (높은 산)
　　주어 ＋ 술어　　　　　　　관형어＋중심어

(2) 어순의 변화는 문법의미의 변화를 일으켜 동작행위의 주체와 객체가 바뀌게 된다.

　　狗 ＋ 咬 ＋ 人 (개가 사람을 물다) ⟺ 人 ＋ 咬 ＋ 狗 (사람이 개를 물다)
　　주어 ＋ 술어＋목적어　　　　　　　　　　주어 ＋ 술어 ＋ 목적어

(3) 술어 내에서도 각 성분 간의 자리바꿈은 문장성분의 변화를 일으켜 의미가 달라지게 된다.

　　四川人<u>不怕辣</u>, 湖南人<u>辣不怕</u>, 江西人<u>怕不辣</u>。
　　(스촨사람은 매운 것을 두려워 하지 않고, 후난사람은 매워도 두려워 하지 않으며,
　　장시사람은 맵지 않은 것을 두려워 한다)

① 不怕+辣: 술어+목적어

② 辣+不怕: 주어+술어

③ 怕+不辣: 술어+목적어

(4) 부사어의 어순을 달리 함으로 전체부정과 부분부정의 의미를 각각 표현할 수 있다.

① <u>都不</u>满意 / <u>不都</u>满意

(모두 만족하지 못한다 / 모두 만족하는 것은 아니다) — 표현하는 범위가 다름

② <u>很不</u>健康 / <u>不很</u>健康

(매우 건강하지 못하다 / 아주 건강한 것은 아니다) — 표현하는 정도가 다름

B) 허사의 사용에 따른 의미의 차이

**(1) 술어동사 뒤에 어떤 조사를 붙이느냐에 따라 시제나 동작의 상(相)을 달리 표현할
수 있다.**

동사에 이러한 조사가 붙지 않으면 단순히 현재형이나 진행형을 나타낸다.

① 他<u>来</u>。(그가 온다—현재, 진행)

② 他<u>来了</u>。(그가 왔다—동작의 완성, 완료)

③ 他<u>来过</u>。(그는 온 적이 있다—동작의 경험)

④ 他昨天<u>来的</u>。(그는 어제 온 것이다—동작의 강조)

(2) 술어동사 앞의 부사어를 통해서도 동작행위의 상태를 표현할 수 있다.

아래 예들을 통해 동사 앞에 부사어의 존재 여부, 그리고 조사의 사용 여부에 따라 표현하
는 의미가 각각 달라짐을 볼 수 있다.

어떤 부사어들은 동사 뒤의 동태조사와 호응해야만 고유의 의미를 표현할 수 있다.

① 他<u>在</u>写一本小说。(그는 소설 한 권을 쓰고 있다—동작의 진행)

② 他<u>曾</u>写了一本小说。(그는 일찍이 소설 한 권을 썼다—동작의 경험)

③ 他写<u>了</u>一本小说<u>了</u>。(그는 소설 한 권을 다 썼다)

④ 他写(一本)小说來着。(그는 소설 한 권을 써오고 있다)

⑤ 他<u>曾经</u>写过一本小说。(그는 소설 한 권을 쓴 적이 있다)

(3) 구조조사의 유무에 따라 문장성분 간의 관계가 달라지며, 따라서 의미도 달라진다.

① 我<u>的</u>报告 (관형어+的+중심어):명사성어구 (나의 보고)

② 我报告 (주어+술어):동사성어구 (내가 보고하다)

③ 洗衣服 (술어+목적어): 술목구조 (옷을 세탁하다)

④ 洗<u>的</u>衣服 (관형어+중심어): 수식구조 (세탁한 옷)

(4) 전치사[介词]의 사용에 따라 문장의 형식과 의미가 모두 달라진다.

'把'를 사용하면 주어가 동작행위의 주체가 되지만, '被'를 사용하면 주어는 동작행위의 객체, 대상이 된다.

① 她<u>把</u>我打了一顿。(그녀가 나를 한바탕 때렸다): 처치문[处置式]

② 她<u>被</u>我打了一顿。(그녀는 나에게 한바탕 맞았다): 피동문[被字句]

4) 어순(語順)이 'S+V+O'구조이다.

중국어의 기본 어순은 'S+V+O'이다. 문장이 길어지고 복잡해지는 것은 'S+V+O' 기본 골격의 'S', 'V', 'O'에 각각의 수식하는 성분들이 달라붙기 때문이다.

S + V + O

我　吃　饭。(나는 밥을 먹는다)

他　学　汉语。(그는 중국어를 배운다)

我　爱　她。(나는 그녀를 사랑한다)

她　爱　我。(그녀는 나를 사랑한다)

爸爸 吃　水果。(아버지가 과일을 드신다)

S	+	V	+	O

小林的　爸爸　　今天早上　吃　完了　　昨天买来的　水果。

관형어 + **주어** // 부사어 + **술어** + 보어 // 관형어 + **목적어**

(오늘 아침에 샤오린의 아버지가 어제 사 온 과일을 모두 잡수셨다)

5) 수식어(관형어나 부사어)는 대부분 중심어의 앞에서 허사와 결합한다.

A) '관형어[定语][6]+중심어[中心语][7]'의 관계는 한국어의 어순과 동일하다.
허사는 종종 생략되는 경우도 있다.

　① 漂亮的姑娘 (아름다운 아가씨)

　② 一头牛 (한 마리의 소)

　③ 我(的)母亲 (나의 어머니)

　④ 三瓶啤酒 (세 병의 맥주)

B) '부사어[状语]+중심어'의 관계도 한국어의 어순과 동일하다.

　① 认真地思考 (진지하게 생각하다)

　② 向前走 (앞쪽으로 가다)

　③ 热烈欢迎 (열렬히 환영하다)

　④ 里边坐 (안쪽에 앉다)

6) 체계화된 조사[助词]가 있다.

중국어의 조사는 구조조사[结构助词], 동태조사[动态助词], 어기조사[语气助词]로 나뉜다. 구조조사는 두 성분 간의 결합을 위해 사용되며, 동태조사는 동작행위의 시제[時制]나 상[相]을 표현하며, 어기조사는 문말에 사용되어 문장의 느낌을 강화시키는 역할을 한다.

　• **结构助词**: 的, 地, 得

　　　爸爸的书包 (아버지의 책가방)

非常**地**高兴 (대단히 기쁘다)

洗**得**干净 (깨끗이 세탁하다)

- **动态助词**: 了, 着, 过

   他已经到**了**上海。(그는 이미 상하이에 도착했다)

   她穿**着**红色的衣服。(그녀는 붉은색 옷을 입고 있다)

   我们看**过**这部电影。(우리는 이 영화를 본 적이 있다)

- **语气助词**: 吗, 吧, 啊····

   你是他的儿子**吗**？(당신은 그의 아들입니까?)

   我们去吃炸酱面**吧**。(우리 자장면 먹으러 갑시다)

   这个东西这么贵**啊**？(이 게 이렇게 비싼가요?)

7) 양사[量词]가 발달되어 있다.

중국어의 명사는 성(性)과 수(数)의 변화가 없다. 그러나 수사[数词]와 명사[名词]가 결합할 때는 중간에 반드시 양사[量词]가 위치해야 한다.[8]

수사 + **양사** + 명사

一**个**人 (한 사람)　　　　一**本**书 (한 권의 책)　　　　一**张**桌子 (책상 하나)

一**把**椅子 (의자 하나)　　　一**匹**马 (말 한 필)　　　　一**头**牛 (소 한 마리)

一**对**眼睛 (한 쌍의 눈)　　两**杯**咖啡 (두 잔의 커피)

8) 특별한 시제[时制, tense]가 없으며, 시제는 일반적으로 시간사나 부사 혹은 앞뒤 문맥을 통해 표시한다.

'중국어에는 시제가 없다'라는 극단적 주장을 하는 학자가 있을 정도로 중국어에는 교착어나 굴절어와 같은 시제 표현의 방법이 없다. 문중에 시간사를 넣거나 동사 뒤에 동태조사를 붙여서 동작행위의 완성, 완료 등을 표현한다.

① **昨天他借了**一本新书。(과거완성) (어제 그는 새책 한 권을 빌렸다)

② **你看,** 他借了一本新书。(현재완성) (봐봐, 그가 새책 한 권을 빌렸어)

③ **等我借了**书再回家。(미래완성) (내가 책을 빌리고 나면 집에 가자)

9) 단어를 구성하는 원리와 문장을 구성하는 규칙이 같다.

하나의 형태소[语素]가 새로운 형태소와 만나 새로운 단어를 형성할 때는 일정한 규칙에 의해 조합이 이루어진다. 이렇게 만들어진 단어가 새로운 단어와 만나 또 다른 하나의 어구를 형성할 때도 마찬가지로 동일한 규칙에 의해 조합을 이루게 된다.

- 地震少了(주술) ⇒ 地震 + 少了 (지진이 줄어들었다)
  (주어 + 술어)

  地 + 震 (땅이 진동하다)
  (주어 + 술어)

- 担心失业(술목) ⇒ 担心 + 失业 (실직을 걱정한다)
  (술어 + 목적어)

  担 + 心 (마음을 짊어지다)　　失 + 业(업을 잃다)
  (술어+목적어)　　　　　　　　(술어+목적어)

- 提高得快(술보) ⇒ 提高 + 得 + 快 (빨리 향상되다)
  (술어 + 得 + 보어)

  提 + 高 (높이 끌어 올리다)
  (술어 + 보어)

- 农业大学(수식) ⇒ 农业 + 大学 (농업대학)
  (관형어 + 중심어)

  农 + 业 (농사짓는 업)　　大 + 学(큰 배움터)
  (관형어 + 중심어)　　　　(관형어 + 중심어)

- 兄弟姐妹(병렬) ⇒ 兄弟 + 姐妹 (형제와 자매)
  (병렬)

兄 + 弟 (형과 아우)　　姐 + 妹 (언니와 동생)

(병렬)　　　　　　　　(병렬)

10) 음악적 리듬을 중시한다.

중국어에서는 대부분 짝수의 리듬감을 선호하므로 단어나 어구를 만들 때 2음절이나 4음절로 구성하는 것이 일반적인 경향이다.

① 加以+考虑(고려해보다) : 加以想 (X)

② 进行+学习(학습을 진행하다) : 进行学 (X)

③ 极为+丰富(매우 풍부하다) : 极为多 (X)

02 문법의 기본단위

언어는 일종의 '부호시스템'이므로 전세계 어떤 국가, 어떠한 민족의 언어를 막론하고 모두 형식과 의미가 함께 결합된 형태[9]이다.

문법의 최소 단위는 형태소이며, 형태소가 모여 단어를 이루고, 단어가 모여 어구가 되며, 어구와 어구가 만나 하나의 문장을 형성해간다.

형태소[语素] < 단어[词] < 어구[词组, 短语] < 문장[句子]

(1) 형태소[语素]

• 형태소는 음(音)과 의미(意味)가 결합된 가장 작은 문법단위(文法單位)이다.

형태	소리	의미
人	rén	사람

- 중국어의 형태소는 대부분 단음절(單音節)이라서 하나의 음절(音節)이 하나의 형태소가 되는 경우가 대부분이지만, 두 개 이상의 음절이 하나의 형태소를 나타내는 경우도 있다. 이는 대개 외래어를 중국어로 음역하는 경우이다. 다음절형태소는 한 글자만 빠져도 본래 의미를 전달할 수 없다.

  ① 단음절형태소[单音节语素]: 人　民　天　地　山　水　作　用　语　言···

  ② 다음절형태소[多音节语素]: 葡萄　玻璃　沙发　吉他　崎岖　可口可乐　奥林匹克···

- 음절(音節)은 사람이 청각(聽覺)으로 구분해낼 수 있는 가장 작은 음운단위(音韻單位)이다.
- 한자와 형태소는 반드시 1:1 대응을 하지는 않는다. 하나의 한자가 몇 개의 서로 다른 형태소를 나타낼 수 있다.

  ① 音乐(yuè,음악)　:　快乐(lè,즐겁다)

  ② 开会(회의)　:　不会(~할 수 있다)

1) 자립형태소[成词语素]

홀로 하나의 단어가 되거나 다른 형태소와 결합하여 단어가 될 수 있는 형태소이다. 즉 하나의 형태소이면서 동시에 하나의 단어가 될 수도 있다.
하나의 독립된 문장성분으로도 사용될 수 있다.

　人　马　车　水　走　打　学　红　玻璃　葡萄···

2) 의존형태소[不成词语素]

반드시 다른 형태소와 결합하여야만 단어를 형성할 수 있는 형태소이다. 하나의 형태소로서만 존재할 뿐 단어가 되지는 못 하므로 독립된 문장성분으로 사용될 수 없다. 단어가 되기 위해서는 반드시 다른 형태소와 결합하여야만 한다.

　民　历　聪　喜　语　言　的　把　从　吗···

(2) 단어[词]

단어(낱말, Word)란 의미를 가지고 독립적으로 운용될 수 있는(단독으로 말할 수 있는) 최소의 언어단위를 말한다. 중국어의 단어는 하나의 형태소로 구성된 것도 있고, 둘 이상의 형태소가 결합하여 이루어진 것들도 있다.

중국어는 본래 단음절어(單音節語)로서 고대중국어에서는 단음절 단어가 주를 이루었지만, 현대중국어에서는 점차 다음절화(多音節化) 되어가는 추세이다. 하지만, 현대중국어에서도 단음절 어휘가 여전히 일정 비율을 차지하고 있으며, 개별 음절이 고유 의미를 지니고 독립된 어휘로서의 역할을 담당한다는 점에서 이는 중국어의 대표적인 특징이라 할 수 있다.

단음절 단어⇒ 人 ; 山 ; 江 ; 草 ; 水 ; 饭 ; 来 ; 去 ; 上 ; 下 ; 红 ; 黄 ; 青......

고대중국어:	虎	师	石	木	狮	瓶	月	日	母
	⇓	⇓	⇓	⇓	⇓	⇓	⇓	⇓	⇓
현대중국어:	老虎	老师	石头	木头	狮子	瓶子	月亮	太阳	母亲
	호랑이	선생님	돌	나무	사자	병	달	태양	어머니

1) 단순어[单纯词]

하나의 형태소로 구성된 단어를 단순어라 한다. 대부분 단음절이며, 2음절 이상 단어의 경우 의성어(擬聲語)나 외래어(外來語), 연면어(联绵词)[10] 등이 있다.

① 단음절어: 人 书 看 吃 大 小 好 山 江 草 水 饭 来 上 红 黄

② 연면어: 伶俐　彷徨　鸳鸯　玫瑰　骆驼

③ 의성어: 咕咚　嘎噔　**蛐蛐　蝈蝈**

④ 외래어: 咖啡　麦当劳　可口可乐

2) 합성어[合成词]

두 개 혹은 두 개 이상의 형태소로 구성된 단어이다. 예를 들면, '老师, 桌子, 妈妈, 语言, 红旗, 扩大, 地震' 등이 있다.

'伟', '民', '语'와 같은 형태소들은 단독적으로 운용할 수 없으며, 다른 형태소와 결합하여야만 '伟大', '人民', '汉语'처럼 하나의 단어가 될 수 있다.

합성어는 구성방식에 따라 '복합식, 부가식, 중첩식' 세 가지로 나뉜다.

A) 복합식[复合式]

복합식 합성어의 조합방식은 아래 다섯 가지가 있다. 이는 중국어에서 단어의 구성뿐 아니라 어구 간의 조합, 그리고 한 문장 내에서 각 문장성분 간의 관계를 특징짓는 매우 중요한 문법적 특성이라 할 수 있다. 전후 형태소 간의 의미관계는 아래와 같다.

- **진술식[陈述式]**: 주어와 술어의 관계 (앞 성분이 동작이나 상태의 주체가 됨: '~이 ~하다')

  月亮　日食　冬至　地震　心酸

- **지배식[支配式]**: 술어와 목적어의 관계 (뒷 성분이 동작의 객체·대상이 됨: '~를 ~하다')

  知音　司机　管家　关心　悦耳

- **보충식[补充式]**: 술어와 보어의 관계 (뒷 성분이 앞 성분 동작·행위의 결과를 표현함: '~하여 ~되다')

  改善　增强　扩大　说明　弄清

- **수식식[偏正式]**: 수식과 피수식의 관계 (의미상 앞 성분이 뒷 성분을 꾸며줌: '~한 ~')

  电灯　小说　京剧　冰箱　飞机

- **병렬식[并列式]**: 병렬 관계. 두 가지로 나뉨. (전후 성분이 의미상 동등한 관계를 가짐: '~와 ~')

  동의(同義)관계: 朋友　选择　永久　根本　道路

  이의(異義)관계: 开关　买卖　反正　始终　来往

B) 부가식[附加式]

복합식이 어근[词根]과 어근 간의 결합인 반면, 부가식은 어근과 접사[词缀]의 결합으로 이루어진다.

어근은 실질형태소(實質形態素)인 반면, 접사는 형식형태소(形式形態素)이다.

- 접두식: 접두사[前缀] + 어근(語根)

  阿姨　老师　老虎　第一　小三

• 접미식: 어근(語根) + 접미사[后缀]

桌子　活儿　木头　画家　读者　演员　慢性　高度　美化

C) 중첩식[重叠式]

동일한 형태소를 중복하여 하나의 단어를 형성한다.

爸爸　妈妈　哥哥　弟弟　星星　刚刚　个个　好好儿

(3) 구[词组, 短语]

구[词组](句, Phrase)는 단어[词]와 단어가 일정한 규칙에 따라 조합하여 일정한 의미를 표현할 수 있게 된 문법단위를 말한다. 두 개 이상의 단어가 결합해야 한다.

我 的 学 生 大 部 分 是 韩 国 人 。(내 학생의 대부분은 한국인이다)

주어	술어
관형어　중심어　주어	술어
	술어　목적어

위 문장에서 주어, 술어, 관형어, 중심어, 목적어 등 문장을 구성하는 각 성분들은 모두 하나의 '구'가 된다. 낱개의 단어와 단어가 만나 하나의 구를 이루고, 이것이 문장의 구성성분으로 작용하는 것이다.

'我的学生大部分是韩国人'은 하나의 문장이고, '我的学生', '大部分', '是韩国人'들은 단어[词]가 모인 것들, 즉 구[词组]라고 한다.

* 단어[词]와 구[词组]의 구성 *

앞서 설명한 바와 같이, "중국어 단어, 구의 조합원칙과 문장의 조합원칙은 기본적으로 동일하다."[11] 형태소가 단어를 형성하고, 단어가 구를 형성하며, 구와 구가 만나 하나의 완결된 문장을 형성해가는 것은 모두 중국어의 일정한 문법에 따라 이루어진다. 이것이 중국어문법을 이해하는 시발점이며, 가장 중요한 기초가 된다고 할 수 있다.

자세한 내용은 '제3장 문장성분과 기본문형'에서 다시 설명하도록 한다.

(4) 문장[句子]

문장[句子](文章, Clause)은 문법단위 중 완정한 의미를 표현할 수 있는 가장 큰 단위이며, 앞뒤에 휴지(休止)가 있고 일정한 말의 느낌인 어조[语调]를 표현할 수 있는 언어단위이다.

① 吃。(먹다)

② 去。(가다)

③ 你去不去？(당신은 가나요 안 가나요?)

④ 你去吗？(당신은 갑니까?)

⑤ 小心！(조심하세요!)

⑥ 别害怕！(두려워 마세요!)

⑦ 我们都学习汉语，刘明学现代汉语，我学古代汉语。
　　(우리는 모두 중국어를 공부하고, 리우밍은 현대중국어를 학습하고, 저는 고대중국어를 공부합니다)

문장성분의 구성에 따라 동사술어문[动词谓语句], 형용사술어문[形容词谓语句], 명사술어문[名词谓语句], 주술술어문[主谓谓语句]으로 나뉜다. 또한 표현하는 의미에 따라 진술문[陈述句], 의문문[疑问句], 명령문[祈使句], 감탄문[感叹句] 등이 있다. 자세한 내용은 제5장 문장의 종류에서 다루기로 한다.

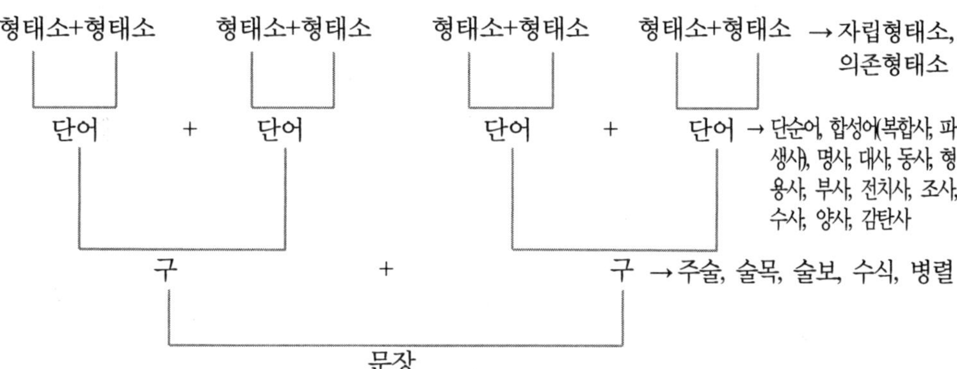

제2장
품사[词类]

1. 실사[实词]
2. 허사[虚词]
3. 특수한 품사

품사[词类]

단어의 문법적 기능 혹은 의미에 따라 성격을 나누어 분류한 것이 품사이다. 어느 민족의 언어이든 품사는 크게 두 가지로 분류할 수 있는데, 바로 실사[实词]와 허사[虚词]이다. 중국어의 품사도 예외는 아니며, 각각의 품사가 나타내는 의미를 놓고 볼 때 실사는 사물이나 사람의 동작, 행위, 변화, 상태, 성질, 장소, 시간 등 비교적 실제 의미를 나타내며, 대부분의 허사는 문장 속에서 다만 일정한 문법적 작용을 할 뿐 어떤 구체적이고 실제적인 의미를 나타내지는 못한다.

01 실사[实词]

실사는 실질적 의미를 나타내는 품사로서 명사, 대사, 동사, 형용사, 수사, 양사 등이 있으며, 이들은 모두 하나의 독립적인 문장을 형성할 수 있는 특징을 가지고 있다. 또한 문법기능상 주어, 술어, 목적어, 보어, 부사어 등의 문장성분으로 사용되어질 수 있는 품사이며, 사람이나 사물의 동작, 행위, 변화, 상태, 성질, 장소, 시간 등을 나타낸다.

대부분의 실사는 문법구조 내에서 위치가 자유롭다.

① 我有。 — 주어 뒤 술어의 위치

② 都有。 — 부사어 뒤 술어의 위치

③ 有人。 — 목적어 앞 술어의 위치

④ 有吗? — 단독으로 사용된 술어

* 품사 분류의 판단기준 *

- 품사 분류는 개별 품사의 '의미'에 따라 분류하는 것이 아니라, 단지 품사의 '문법기능'에 따라 분류한다.

- 일반적으로 명사는 사물의 명칭, 동사는 동작·행위, 형용사는 사물의 성질·상태를 표시한다.

- 동일한 의미나 개념을 표시하는 품사라 할지라도 '문법기능'까지 동일하지는 않다.

　'전쟁' 표시: 战争(명사)　战斗(동사)

　　　　　'战争'과 '战斗' 모두 전쟁의 의미를 가지고 있지만 '战争'은 명사 '战斗'는 동사로 쓰인다.

　'색상' 표시: 红(형용사)　红色(명사)

　　　　　'红'과 '红色'은 '붉다'는 의미를 가지고 있지만, '红'은 형용사, '红色'은 명사로 쓰인다.

- 중국어에는 형태 변화가 없기 때문에 품사 구분은 낱말의 문법적 위치, 즉 반드시 '문법기능'에 근거하여 분류해야 한다.

　'형용사'의 문법기능

　① 앞에 '很'이 위치할 수 있다　　　　很红 (매우 붉다)

　② 뒤에 '的'를 놓을 수 있다　　　　我要红的 (나는 붉은 것을 원합니다)

　③ 뒤에 '了'를 놓을 수 있다　　　　红了 (붉어졌다)

　④ 술어로 사용할 수 있다　　　　脸都红了 (얼굴조차 붉어졌다)

　⑤ 관형어로 사용할 수 있다　　　　红茶 (홍차)

　* 명사는 ①, ④, ⑤의 문법기능이 없으며, 동사는 ①, ⑤의 문법기능이 없다.

- 실사는 다시 체언(體言)과 용언(用言)으로 분류된다.

(1) 체언[体词]

　　문법기능은 명사성 성분으로서 주로 주어나 목적어로 사용되지만, 중국어의 특성상 명사 술어문(예:今天星期天)에서처럼 종종 술어로 사용되기도 한다. 명사, 대사(체언성), 수사, 양사 등이 이에 속한다.

1) 명사[名词]

- 사람, 사물 혹은 추상적 개념의 명칭을 나타내는 품사이다. 중국어의 명사는 일반적으로 부사와 결합하지 않으며 대부분 수사나 양사와 조합을 이룬다.
- 문장 속에서 주어나 목적어로 사용되는 외에 대개의 경우 관형어(수식어)로 사용된다.
- 의미상 일반명사, 고유명사, 추상명사, 집합명사, 시간명사, 장소명사, 방위명사 등으로 구분한다.

A) 사람, 사물 혹은 추상적 개념의 명칭, 시간, 장소 등을 나타내는 품사이다.

　　　人　　车　　水　　衣服　　上午　　今天　　下面　　道德

B) 중국어의 명사는 일반적으로 부사와 결합하지 않으며, 대부분 수사, 양사와 조합을 이룬다.

　　① 很花*　　　不小说*　　　很人们*　　　不青年*

　　② 一头猪　　一条毛巾　　两句话　　（一猪*，一毛巾*，两话*）

C) 문장 속에서 주어나 목적어로 사용되는 외에 대개의 경우 관형어로 사용된다.

　　① 太阳下山了。주어--(해가 저물었다)

　　② 他吃了苹果。목적어--(그는 사과를 먹었다)

　　③ 木头房子盖好了。관형어--(나무로 된 집이 다 지어졌다)

D) 의미상 일반명사, 고유명사, 추상명사, 집합명사, 시간명사, 장소명사, 방위명사 등으로 구분한다.

① 일반명사: 书　　电脑　　学生　　朋友　　月亮　　电视　　桌子　　可乐

② 고유명사: 阿铁　　长江　　北京　　上海　　中国　　美国　　欧洲

③ 추상명사: 礼节　　道德　　道理　　交情　　祸　　梦　　友谊　　水平

④ 집합명사: 父母　　子女　　夫妻　　人们　　亲友　　师生　　员工　　车辆

⑤ 시간명사: 今天　　昨天　　现在　　过去　　从前　　将来　　上星期

⑥ 장소명사: 韩国　　首尔　　学校　　邮局　　北京　　亚洲　　故宫

⑦ 방위명사: 上　　下　　前　　后　　里　　外　　内　　中　　东　　西

E) 방위(方位)구조

- 방위구조는 방위명사가 다른 단어나 구와 결합되어 시간이나 공간을 표현하는 문법구조를 말한다. 앞 부분은 일반적인 단어나 어구이지만 다른 전치사가 오기도 하며, 뒷 부분은 방위사가 결합된다. 중간에 '的'를 삽입할 수 없다.
- 방위명사는 방위구조를 형성하는 형식적 표지가 된다.

① 天空中(하늘에)　　午饭后(점심식사 후)　　口头上(구두로)　　院子里(정원에)

② 家门外(집 문 밖에)　　书房里(서재에)　　大门外边(대문 밖에)

- 방위구조는 일반적으로 명사성구조이지만 종종 동사성 성분도 가능하다. 의미는 대개 어떠한 상황이 계속해서 지속되고 있음을 표현한다.

① 讨论前(토론 전)　　读完后(다 읽은 후)　　快乐中(기쁨 가운데)

② 在发展中(발전 중)　　在进行中(진행 중)

F) 명사의 중첩

명사는 중첩하여 사용하면 일정한 문법적 의미('每一')가 부가된다.

人人(사람마다)　　家家(집집마다)　　事事(일마다)　　时时刻刻(시시각각)　　月月(달마다)

2) 대사[代词]

대사는 명사, 동사, 형용사, 수량사를 대신할 수 있는 품사로서 체언의 속성을 갖기도 하고 용언의 속성을 갖기도 한다.

A) 인칭대사[人称代词]

(1) 인칭대사는 문법기능이 명사와 유사하다.

주어, 목적어, 관형어로 사용될 수 있으나 술어, 부사어가 될 수 없고 부사의 수식을 받지도 않는다. 제1인칭, 제2인칭, 제3인칭으로 나눌 수 있다.

① 我　咱　你(您)　他(她, 它)　大家

② 我们　咱们　你们(您们)　他们(她们, 它们)

③ 大家　人家　别人　旁人　大伙儿　彼此　全体

④ 自己　自家　自个儿

	단　수	복　수
1인칭	我	我们　咱们
2인칭	你　您	你们　您们
3인칭	他　她　它	他们　她们　它们
기 타	人家　大家　自己　自家	自个儿　别人

(2) '我们'과 '咱们'의 차이

세 사람이 아래와 같이 대화하는데, '我们'은 대화를 주고 받는 두 사람만 나타내고, '咱们'은 그 외의 듣는 사람들까지 모두를 지칭한다.

你今年二十, **我们**俩也是二十, **咱们**同岁。
(당신은 금년에 스무 살이고, 우리 둘도 또한 스무 살이니 우리는 모두 동갑입니다)

B) 지시대사[指示代词]

• 지시대사는 사람, 사물, 시간, 장소 등을 지칭하거나, 어떤 상황, 상태, 방식, 정도 등의 의미를 대체하여 표현할 때 사용하는 품사이다. 주어, 목적어, 관형어로 사용된다. 가까운 것을 가리키는 것[近指]과 먼 것을 가리키는 것[远指]으로 나뉜다.

	지시	장 소	방 식	시 간
近指	这	这儿 这里	这么 这样 这么样	这会儿
远指	那	那儿 那里	那么 那样 那么样	那会儿

- '这'와 '那'는 단독으로 사용하기도 하지만, 양사나 수사와 결합하여 사용하기도 한다.

  这个   那个   这一个   那两个

C) 의문대사[疑问代词]

- 의문대사는 일반적으로 의문을 표시하며 따라서 의문문을 만들 때 사용한다.
  주어, 술어, 목적어, 관형어, 부사어, 보어로 사용된다.

  谁   什么   为什么   多少   哪   哪儿   多会儿   怎么   怎么样   如何

- 때로는 보편성과 예외없음을 표시하기도 한다.

  ① **谁**也不想去。(누구도 가고싶지 않다)

  ② **谁**去都行。(누가 가도 좋다)

  ③ **哪个**给我都行。(나에게 어떤 것을 줘도 좋다)

- 표현하는 의미에 따라 다음과 같이 나뉜다.

사람, 사물	장소	시간	성질, 상태, 방식, 동작	수량	정도
谁 什么 哪些	哪里 哪儿	多会儿 几时 哪会儿	怎样 怎么 怎么样 怎么着	多少 几 多	多 多么
누구 어떤 어느	어디 어느곳	언제	어떻게 어째서	얼마 몇	얼마 얼마나

D) 용언성(用言性)代词

체언성 대사는 명사성 성분이므로 주어, 목적어 등으로 사용되지만, 용언성 대사는 직접 술어가 되거나 관형어로 쓰여 명사를 수식하기도 하고 문장의 술어부(述語部)에서 부사어로 사용되기도 하는 품사이다.

> 这么　这样　那么　那样　那么样　怎么

① 别**这么**激动。(그렇게 흥분하지 마세요)

② **这样做**也没什么问题。(이렇게 해도 별 문제 없습니다)--(부사어)

③ **怎么**会**这样**?(어떻게 그런 일이 있을 수 있죠?)--(술어)

④ 我不喜欢**这样的**情况。(저는 이런 상황을 좋아하지 않습니다)--(관형어)

⑤ 这件事情没**那么**简单。(이 일은 그렇게 간단하지 않습니다)

⑥ 他也不会**那样做**。(그도 또한 그렇게 하지는 않을 겁니다)--(부사어)

⑦ 你怎么说**那样的**话?(왜 그런 말을 하셨어요?)--(관형어)

⑧ 照着上回**那么样**办。(지난 번대로 그렇게 처리하다)

⑨ 这个字**怎么**念?(이 글자는 어떻게 읽죠?)

3) 수사[数词]

수사는 숫자나 순서를 표시하는 품사이다. 기수[基数], 서수[序数], 개수[概数]로 나뉜다.

> 零　一　二　三　十　百　千　万　亿

A) 기수(基数)

- 수를 표현하는 데 있어서 기초가 되는 수이며, 수량의 많고 적음을 표시한다.

> 一　二　百　千　万·······

B) 서수(序数)

- 사물의 차례를 나타내는 수를 말하며, 순서의 전후를 표시한다. 곧 '첫째, 둘째, 셋째…, 제1, 제2, 제3····' 등과 같은 것이다.

> 第一　第二　第三　初五　一月　二月

C) 개수(概數)

- 개괄적이고 불확정적인 수, 즉 어림하여 잡는 수를 표시한다.

几　一些　许多　少数

① 总共来了几个人？ (총 몇 명이 왔는가?)

② 你做了几道题？ (너 몇 문제 풀었어?)

- 숫자 뒤에 '来, 多, 左右, 上下, 前后' 등을 붙여서 개괄적인 숫자를 나타내기도 한다.

① 二十来人(20명 조금 안 되는)　二十多人(20명 조금 넘는)

② 两尺左右(2척 정도)　一米上下(1미터 정도)

- 근접한 숫자를 이어서 사용하는 경우도 있다.

两三个人(두 세 사람)　十七八岁(17~18 세)

D) 분수[分数]

- 분수는 'A分之B'의 형식으로 표시한다. 백분율은 '百分之A'로 나타낸다.

三分之一(3분의 1)　五分之二(5분의 2)　百分之九十八(98%)

E) 배수[倍数]

- 배수의 표시는 숫자 앞에 '倍'만 붙여주면 된다.

三倍(세 배)　五倍(다섯 배)　一百倍(백 배)

F) 소수[小数]

- 소수의 표현은 소수점 앞 부분은 정수로 읽고, 뒷 부분은 숫자만 읽는다. 소수점은 '点'으로 표시한다.

七十八点三八(78.38)　一百二十五点零七(125.07)

G) 주의해야 할 '2'의 숫자 표현법: '二'과 '两'

- 일반적인 숫자나 방번호, 전화번호, 버스번호 등 번호를 말할 때는 주로 '二'을 쓴다.

  二　　十二　　二十　　二百(两百로도 씀)

- 단 단위와 십 단위의 '2'는 '二'로 읽는다.

  二十五　　二十二

- 자릿수가 '百', '千', '万', '亿' 등이 맨 앞 자리에 쓰일 때는 '两'으로 읽고, '零' 뒤에서는 '二'을 쓴다.

  两百(200)　　两千(2,000)　　两万(20,000)　　三百零二亿(30,200,000,000)

- 양사나 양사와 비슷한 명사 앞에서는 주로 '两'을 쓴다.

  两个　　两个人　　两本书　　两年　　两斤　　两辆　　两岁

  중량, 길이, 용량을 나타내는 양사 앞에서는 '二'을 쓰기도 한다.

  二斤　　二厘米　　二升

- 서수, 분수, 소수를 말할 때는 '二'을 쓴다.

  第二　　三分之二　　三点二

- 배수에는 '两'을 쓴다.

  两倍

4) 양사[量词]

양사는 사물이나 동작의 수량단위를 표시하는 품사이다.
명량사[名量词]와 동량사[动量词]로 구분한다. 수사 뒤에 위치하며, 뒤에 오는 명사나 동사에 따라 사용하는 양사가 각각 달라진다.

一个人　　一些人　　两块钱　　一张桌子　　三辆车　　五头牛　　四匹马　　一把刀

看一遍　下一场雨　大吃一顿　来一趟　　看一眼　踢一脚　打一拳　咬一口

A) 명량사[名量词]

명량사는 사물의 수량단위를 표시한다. 전용양사[专用量词]와 차용양사[借用量词]로 구분한다.

(1) 전용양사[专用量词]

(a) 개체양사[个体量词]

중국어에서 각각의 사물을 지칭할 때는 수사와 명사 사이에 반드시 특정한 양사를 사용하여 표현해야 한다. 개체양사는 모두 100여 개가 있다.

个	사람이나 일반적 사물. '명', '사람', '개'	三个人　两个苹果　一个理想　四个星期
把	손잡이가 있는 물건. '자루'	一把刀　一把椅子　一把钥匙　一把伞
张	넓적한 모양의 사물. '장'	一张纸　两张皮　三张画　一张床　一张桌子
本	책 따위. '권'	三本书
间	집의 방. '칸'	一间房　一间卧室　两间屋子
根	가늘고 긴 물건. '가닥'	一根线　一根头发　一根火柴　两根绳子　一根香烟
件	사물 표시. '개', '건'	一件衣服　一件礼物　一件事　一件活　三件行李
条	가늘고 긴 모양의 사물이나 동물.	一条河　一条路　一条线　一条裤子　两条腿　一条鱼　两条黃瓜
节	여러 가지로 나누어진 사물	两节课　一节铁管　三节车厢
口	가족을 셀 때	四口人　夫妻两口
棵	식물. '그루', '포기'	一棵树　一棵草　一棵白菜
粒	낱알로 된 사물. '톨', '알'	一粒米　一粒珠子　三粒药丸　四粒子弹
块	덩어리 모양의 사물. '덩어리', '조각'	一块肥皂　两块肉　一块面包　一块布　一块手表
名	사람을 셀 때	五名学生
位	사람을 존칭하여 셀 때. '분', '명'	两位老师　三位客人　诸位女士　诸位先生
篇	문장을 세는 단위. '편'	一篇论文　两篇文章
首	노래, 시 따위. '곡', '수'	一首歌　两首诗

所	집, 학교, 병원 등 비영리 개체. '채', '동'	这所房子　一所医院　一所学校
家	가게, 기업 등 영리 목적의 개체	一家饭馆　两家商店　一家电影院
枝	식물의 '가지', '줄기' 긴 모양의 물건. '자루', '대', '정'	一枝梅花　一枝蜡烛　一枝铅笔　一枝步枪
门	학문, 기술 따위. '가지', '과목'	两门功课　几门技术
样	'종류', '형태'	两样儿办法　三样儿点心
项	가지, 항, 조목, 조항, 단위	三项原则　几项工作　这项工程
份	배합해서 한 벌이 되는 것. '벌', '세트' 신문, 문건을 세는 단위	一份儿礼　一份人民日报
台	기계, 설비 따위. '대' 연극 공연횟수. '회', '차례'	一台机器　唱一台戏
层	건물의 '층', 사물의 '겹'	一层楼　十层大楼　两层玻璃窗　两层皮
顶	모자	一顶帽子
朵	꽃, 구름. '송이', '떼'	一朵花　一朵云
封	편지. '통'	一封信
架	받침대가 있는 물건, 기계 장치가 되어 있는 것. '대'	一架机器　一百架飞机　一架缝纫机
辆	자동차, 자전거. '대'	一辆汽车　一辆自行车
片	조각을 이루는 물건. '조각', '쪽'	一片面包　一片比萨饼　一片树叶
头	소. '마리', '두'	一头牛　十头牛
匹	말. '마리', '필'	三匹马
支	필기구, 담배, 총. '대', '개'	一支钢笔　一支香烟　一支枪
只	짝을 이루는 사물의 한 쪽. '짝', '척'	一只耳朵　两只手　一只眼睛　一只鞋
座	크고 무거운 사물. '좌', '동', '채'	一座山　一座高楼　一座铜像　三座大炮

(b) 집합양사[集合量词]

对	짝을 이룬 사람, 사물. '짝', '쌍'	一对花瓶　一对夫妇
双	짝을 이루는 물건. '쌍', '매', '켤레'	一双情人　一双鞋　一双手
群	사람이나 동물의 '무리', '떼'	一群孩子　一群马　一群牛
帮	여럿이 모인 한 '무리'	一帮孩子　一帮流氓　一大帮人
堆	'무더기', '더미', '무리', '떼'	一堆人　一堆垃圾　一大堆材料
副	쌍으로 된 물건. '조', '벌', '쌍'	一副筷子　一副手套
套	'벌', '조', '세트'	一套家具　两套衣服
伙	'무리', '패', '떼'	一伙人
批	사람이나 사물의 한 '무더기'	一批人　一批货
打	물품 12개 한 묶음. '다스(dozen)'	一打铅笔　两打手巾

(c) 도량사[度量词]

길이	分 公分 厘米 米 公里 寸 尺 丈 里 海里
용량	升 毫升 公升 合 斗
중량	斤 克 公斤 吨
면적	分 亩 平方米 平方尺 平方寸
체적	立方米 立方寸 立方尺 立升

(d) 부정양사[不定量词]

확정적이지 않은 소량을 표시할 때 쓰는 양사이다.

• (一)些 : '一'는 종종 생략되며, 명사 앞에 사용되어 불확정의 소량을 표시한다.

　　① 我买了(一)些东西。(나는 약간의 물건을 샀다)

　　② 他作了(一)些补充。(그는 약간의 보충을 했다)

동사나 형용사 앞에 사용되어 정도가 그다지 높지 않음을 표현한다.

　　① 他比我高一些。(그는 나보다 조금 크다)

　　② 说话大声一些。(조금 크게 말해주세요)

• (一)点儿 : 명사 앞에 사용되어 사물의 수량이 적음을 표시한다. **'형용사+(一)点儿'**의 형식

　　① 我买了(一)点儿苹果。(나는 사과를 조금 샀다)

형용사, 동사 뒤에서 정도가 약함을 표시한다.

　　病好(一)点儿了。(병이 조금 좋아졌다)　　多吃(一)点儿。(좀 많이 드세요)

• 有(一)点儿 : 형용사, 동사와 함께 사용되어 정도의 약함을 표시하는 것은 '一点儿'과 같지만, '비교'의 표현이 아니거나 좋지 않은 느낌을 말할 때는 '有一点儿'을 쓴다. **'有(一)点儿+형용사'**의 형식

　　① 今天有(一)点儿冷。(오늘은 조금 춥다)

② 他动作有(一)点儿慢。(그는 동작이 조금 느리다)

③ 她今天有(一)点儿不高兴。(그녀는 오늘 기분이 조금 안좋다)

④ 现在我有(一)点儿累了。(나는 지금 조금 피곤하다)

(e) 준양사[准量词]

일부 명사들은 수사와 직접 연용하여 마치 양사처럼 사용되는 경우가 있다. 문법기능이 양사와 거의 동일하다. 간혹 '수사+준양사' 뒤에 다른 명사가 오기도 한다. 수사와 준양사 사이에 다른 양사를 삽입할 수 없다.

天: 三天(的时间)(3 일의 시간)　　星期: 两星期(2 주일)　　年: 五年(的工作)(5 년의 일)

秒: 三秒(3 초)　　分: 十分(10 분)　　小时: 三小时(세 시간)

国: 两国(양국)　　省: 四省(4 개의 성)　　市: 三市(3 개 시)　　县: 五县(5 개 현)

(2) 차용양사[借用量词]

적당한 양사가 없을 때 계량하는 대상과 관련이 있는 사물 용기나 신체의 일부, 일반명사 등을 빌려 사용한다.

사물의 용기	碗 杯 壶 瓶
신체의 일부	手 头 口 脚 肚子 身
일반명사	桌 盆 车

两碗饭(밥 두 그릇)　　一杯水(물 한 잔)　　三瓶酒(술 세 병)

一手花(한 움큼의 꽃)　　一车货(화물 한 차)

B) 동량사[动量词]

동량사는 동작이나 변화의 횟수를 표시한다. 전용동량사[专用动量词]와 차용동량사[借用动量词]로 나뉜다.

(1) 전용동량사[专用动量词]

次	(반복되는) 동작의 횟수. '번'	我们讨论了三次　　我看了两次
回	(반복되는) 동작의 횟수. '번', '회'	我去过三回　　他问过一回
下	동작 진행의 횟수. 짧은 시간의 동작. '번'	你来一下　　我找一下小林
顿	동작의 횟수. 식사 혹은 질책. '끼니', '차례'	每天吃三顿饭　　我被妈妈打了一顿
阵	일정 시간을 표시. '바탕'	下了一阵雨　　刮了一阵风
场	집체성의 동작 횟수. '바탕'	下了一场雨　　我们打了一场球
趟	왕복되는 동작의 횟수. '차례', '탕'	我白跑了一趟　　请你来一趟
遍	시점과 종점이 분명한 한 번의 동작.	这部电影我看了三遍　　你把课文念一遍
番	비교적 힘이 드는 동작의 횟수. '번'	他调查了一番　　我研究了一番

(2) 차용동량사[借用动量词]

동작행위의 도구나 신체 기관을 차용하는 동량사이다.

　　看了一眼　　打了一拳　　砍了一斧子　　切了一刀　　放了一枪　　踢了一脚　　咬了一口

C) 양사의 중첩

명사의 중첩이 가능하듯 양사도 중첩하면 '~마다'라는 일정한 문법적 의미가 더해진다.

　　个个(각각)　　本本(권마다)　　张张(장마다)　　件件(건마다)　　条条(조목조목)　　朵朵(송이송이)

(2) 용언[用词]

용언이란 문장 중 술어로 사용되는 성분이지만, 중국어의 특성상 가끔 주어와 목적어로 사용되기도 한다. 동사, 형용사가 대표적이며, 일부 대사(용언성)도 이에 해당한다.

・동사 : 用　来　听　　　　　형용사 : 好　多　漂亮　　　　　대사 : 这么　那么　这样

1) 동사[动词]

동사는 사람이나 사물의 동작, 행위, 심리활동, 변화, 발전, 존재, 판단 등을 표시하는 품사이다.

A) 문법적 특징

(1) 동사는 주로 술어로 사용되지만 주어, 관형어, 보어로 사용되기도 한다.

　① 我想往韩国打电话。(나는 한국으로 전화하고 싶다)--(술어)

　② 会议明天早上8点开。(회의는 내일 아침 8시에 열린다)--(술어)

　③ 大家在**讨论**这件事。(모두가 이 일에 대해 토론하고 있는 중이다)--(술어)

　④ **讨论**正在进行。(토론이 지금 진행중이다)--(주어)

　⑤ **洗**的衣服在外面晾着呢。(세탁한 옷이 밖에서 말려지고 있다)--(관형어)

　⑥ 他被吓**跑**了。 (그는 놀라서 달아났다)--(보어)

(2) 직접적으로 부사의 수식을 받는다. 단, 일반적으로 정도부사 '很'의 수식은 받지 않는다.

　① 不吹(불지 않다)　　不拉(당기지 않다)　　不喜欢(좋아하지 않다)

　② **很**调查(x)　　**很**跑(x)

동사와 형용사를 구분할 때 '很'의 유무로 판단한다. 단, 심리활동을 표시하는 동사에는 '很'이 붙을 수 있다. (很喜欢: 매우 좋아하다　很担心: 매우 걱정하다)

(3) 목적어의 보유 유무에 따라 자동사와 타동사로 나뉜다.

목적어의 보유 유무에 따라 자동사, 타동사로 구분한다. 대부분의 동사는 타동(他动)의 성질을 가지고 있으므로 목적어를 거느리지만, 소수의 경우는 자동(自动)의 성질 때문에 목적어를 동반할 수 없다.

- 자동사: 走　休息　活　醒　工作　休息　毕业　结婚　问世　相反···
  - * <u>이합동사[离合动词]</u>: 'V+O'구조로 형성된 어구였으나, 오랜 세월 관용적으로 사용되어 하나의 동사로 굳어졌음. 술어에 목적어가 이미 결합된 구조로 만들어진 것이므로 결합 이후에는 자동사의 성질을 갖게 됨.
    '毕业　结婚　问世　睡觉　帮忙　失业　就业　上当···'

- 타동사: 吃　看　打　写　挖　姓　叫　看望　告诉　具有　成为···

(4) 동사의 중첩(重疊)

동사는 중첩하여 사용할 수 있으며, 의미는 주로 '좀 ~하다, 시험삼아 ~해보다'의 의미를 나타내어 어기를 완화시키는 작용을 한다.

　　① 看看　写写　想想　尝尝　试试　练习练习 --- 시도

　　② 看了看　听了听 --- 짧은 시간

■ 동사는 각각의 형태에 따라 중첩이 달라진다.
　• 단음절동사: AA, A一A, A了A, A了一A, A来A去, A一下
　　　　　　　　看看　听一听　读了读　想了一想　走来走去　吃一下
　• 이음절동사: ABAB, AB了AB
　　　　　　休息休息　参观了参观
　• 이합동사 AB: AAB동사만 중첩
　　　　　　　见面 : 见见面,　聊天 : 聊聊天

(5) 긍정형과 부정형을 연첩시켜 정반(正反)의문문을 만들 수 있다.

看不看?(봅니까?)　　去不去 ?(갑니까?)　　喜欢不喜欢?(좋아하십니까?)

(6) 동태조사[动态助词] '了, 着, 过'를 붙일 수 있다.

동태조사[动态助词] '了, 着, 过'와 결합하여 부가적 의미를 표현할 수 있다.

吃着饭(진행) ；　吃了饭(과거,완성) ；　吃过饭(경험)

B) 동사의 분류

동사는 나타내는 의미와 문법기능에 따라 다음과 같이 몇 가지로 분류할 수 있다.

(1) 동작동사

동작, 행위 등을 나타내며 대부분의 동사들이 이에 해당한다. 술어로 사용되며 목적어를 거느릴 수 있다.

吃　喝　走　看　打　拿　帮　吹　拉　写　弹　唱　跑　飞　跳　表演　参观

① 他什么都吃。(그는 무엇이든 먹는다)

② 我能喝一瓶白酒。(저는 바이지우 한 병을 마실 수 있습니다)

③ 你快去帮帮她们。(당신은 빨리 가서 그녀들을 도우세요)

④ 飞机飞过太平洋。(비행기가 태평양을 날아 건넌다)

(2) 심리동사

사람이나 동물의 심리활동을 표시하는 동사로서 술어로 사용되며, '很'의 수식을 받을 수 있고, 목적어를 동반할 수도 있다.

感谢　思念　担心　喜欢　希望　盼望　关心

① 非常感谢您的厚意。(당신의 후의에 깊이 감사드립니다)

② 我每天晚上都思念故乡。(저는 매일 저녁 고향을 그리워합니다)

③ 我告诉他们不要担心。(나는 그들에게 걱정하지 말라고 알려 주었다)

④ 老师非常关心你的健康状况。(선생님께서 너의 건강에 대해 많은 관심을 두고 계신다)

⑤ 我希望你能克服这个困难。(나는 네가 이 어려움을 극복해내기를 바란다)

⑥ 他很喜欢看中国小说。(그는 중국소설 읽기를 매우 좋아합니다)

(3) 특수동사

- 판단동사 '是' : ① 판단동사 '是'는 판단이나 긍정의 의미를 나타내며, 일반적으로 목적어를 동반하여 '是+NP' 술목구조를 형성한다. 영어의 'be동사'와 유사하다.

    我是大学生。(저는 대학생입니다)

    你是哪国人？(당신은 어느 나라 사람인가요?)

    ② 주어와 목적어를 연결시켜 양자 간의 관계를 연결시켜주므로 '관계동사'라고도 한다.

    他是独生子。(그는 독생자입니다)

    那位是我的叔父。(저 분은 저의 삼촌이십니다)

③ 부사의 수식을 받을 수 있으며, 부정은 '不'를 '是' 앞에 위치시킨다.

这些都是新买的茶具。(이것들은 모두 새로 산 다구들이다)

他现在已经是牧师了。(그는 지금 이미 목사가 되었습니다)

我不是我们班的代表。(저는 우리반의 대표가 아닙니다)

④ 긍정, 부정으로 연첩하여 사용할 수 있으나 중첩할 수는 없으며, 바로 뒤에 동태조사 '了, 着, 过'가 올 수도 없다.

那位先生是不是我们大学的校长？(O)

这肯定是是她的钱包。(X) (이것은 분명히 그녀의 지갑입니다)

他去年是了大学三年级。(X) (그는 작년에 대학 3학년이었습니다)

⑤ '是' 뒤에는 동사나 형용사가 올 수도 있다.

我是来看你，不是跟你玩儿。(저는 당신을 보러 온 것이지, 당신과 놀려는 건 아닙니다)

她是离开了。(그녀는 떠나갔습니다)

她是很漂亮。(그녀는 매우 예쁘다)

- **소유동사 '有'** : ①'有'는 주어와 목적어 간에 소유나 존재의 관계를 표시하며, 일반적으로 목적어를 동반하여 '有+NP' 술목구조를 형성한다.

  - 목적어가 주어의 일부분(정도부사 '很'의 수식을 받을 수 없음)

    人人都有两只手。(사람은 모두 두 손이 있다)

    人人都很有两只手。(X)

    耳孔里有耳屎。(귓구멍에 귀지가 있다)

  - 주어가 목적어의 소유자(정도부사 '很'의 수식을 받을 수 없음)

    林老师有两个儿子。(임선생님은 아들 둘이 있다)

    林老师很有两个儿子。(X)

    我有三台电脑。(나는 세 대의 컴퓨터가 있다)

■ 목적어가 주어의 속성

这篇文章很**有**意义。(이 문장은 의미가 있다)

我对这件事**有**信心。(나는 이 일에 자신이 있다)

■ 주어가 표시하는 장소에 사람, 사물이 존재

桌子上**有**两本书。(책상 위에 두 권의 책이 있다)

屋里**有**人。(집 안에 사람이 있다)

对面**有**个果园。(맞은편에 과수원이 있다)

■ 존재 표시 중 어떤 경우 주어가 출현하지 않음

有人吗？(누구 계세요?)

有你的电话。(당신 전화예요)

有电！危险。(전기가 흘러요! 위험합니다)

有你的，咱们走着瞧！(그래, 어디 한번 두고 보자!)

■ 발생, 출현을 표시할 경우, 목적어는 동사가 옴

自我入学以来，我们学校**有**了很大**变化**。
(내가 입학한 이후로 우리학교는 많이 변했다)

因为有了你的很大帮助，我才**有**了今天的**发展**。
(당신의 큰 도움이 있었기에, 나는 오늘과 같은 발전이 있게 되었다)

② '有'의 부정형은 '不有'가 아니라 '没有'이다.
뒤에 목적어가 있을 때 '有'는 생략할 수 있다. 중첩하여 사용할 수 없다.

我**没有**钱。(나는 돈이 없다)

没有<u>没有</u>例外的规定。(예외 없는 규칙은 없다)

我**没**罪。(나는 죄가 없다)

那个人**没**文化。(저 사람은 교양이 없다)

我<u>有有</u>两个孩子。(X)

③ 겸어문[兼语句]을 형성한다.

<u>有人</u>来找你。 (어떤 사람이 당신을 찾으러 왔다)

今天没<u>有人</u>来参观。 (오늘은 참관하러 온 사람이 없었다)

(4) 능원동사[能愿动词]

- 능원동사(조동사) '能, 会, 可以, 愿, 肯, 要, 应该' 등은 동사, 형용사 앞에 위치하여 동사성목적어를 갖는 동사로서 '가능, 희망, 능력, 의지, 염원, 추측, 필요, 개연성, 허가' 등을 표현한다. 명사 앞에 올 수 없고, 중첩할 수 없으며, 동태조사를 붙일 수 없다.

① 他**能**看英文书。 (그는 영어책을 볼 수 있다)　　　　(能) 능력

② 我**要**喝啤酒。　　(나는 맥주를 마시겠습니다)　　(要) 강한 의지

③ 明天**不会**下雨。 (내일 비가 내리지 않을 것이다)　　(会) 추측, 개연성의 의미

④ 我**想**去北京。　　(나는 베이징에 가고 싶다)　　(想) 희망, 소망

⑤ 你**应该**去看爷爷。 (너는 할아버지를 뵈러 가야 한다)　　(应该) 당위

- '能, 能够, 会, 可以, 可能, 得, 要, 敢, 想, 应该, 应当, 该, 愿意, 情愿, 乐意, 肯, 许, 准, 值得......' 등이 있음
  - 조동사 : 일반동사를 도와주는 동사로서 개별적인 동사나 형용사 등 동사성 목적어를 가짐
  - 형식은 : '조동사(V) + 동사(V)'의 술목구조 형태를 띠고 있음
  - '희망, 능력, 가능, 추측, 개연성, 허가' 등의 동사를 모두 합쳐 '능원동사'라고 함

(a) 능원동사에 속하는 단어

- 能 (~할 수 있다)　　· 能够 (~할 수 있다)　　· 会 (~할 수 있다)
- 可以 (~해도 좋다)　　· 可能 (아마도)　　· 要 (~하려 하다, ~할 것이다)
- 敢 (감히 ~하다)　　· 想 (~하고 싶다)　　· 应该, 该, 应当 (~해야만 한다)
- 愿意 (원하다)　　· 情愿 (진심으로 원하다)　　· 乐意 (기꺼이 ~하려 하다)
- 肯 (~하고 싶다)　　· 许 (허가하다. 허락하다)　　· 值得 (~할 가치가 있다)
- 得 (~해야만 한다)

(b) 능원동사의 문법적 특징

1. 동사성목적어만 거느릴 수 있으며, 명사성목적어는 올 수 없다. 밑줄친 동사성 어구는
   모두 능원동사의 목적어가 되고 있다.

　　① 我会打高尔夫球(동사성 어구)。(나는 골프를 칠 줄 안다)

　　② 我会喝酒(동사성 어구)。(나는 술을 마실 줄 안다)

　　③ 我会酒。(X) : '会' 다음에는 명사성 어구가 올 수 없다.

　　*예외 : '会' 다음에 '언어, 운동법, 기능'에 관한 말들은 올 수 있다.

　　① 我会英语。(나는 영어를 할 줄 안다)--(언어)

　　② 我会蛙泳。(나는 평영을 할 줄 안다)--(운동법)

　　③ 我会武术。(나는 무술을 할 줄 안다)--(기능)

2. 중첩할 수 없다.

　　我会说汉语。　(O)

　　我会会说汉语。　(X)

3. 일반동사와 달리 능원동사는 동태조사 '了, 着, 过'가 뒤에 올 수 없다.

　　我会(了/着/过)说汉语。　(X)

4. 정반의문문, 즉 긍정과 부정의 '~不~' 연첩구조에 사용할 수 있다.

　　你会说英语吗？(O) (당신은 영어를 말할 줄 아십니까?)

　　你会不会说英语？(O) (당신은 영어를 말할 줄 아십니까?)

5. 단독적 문장성분으로 사용할 수 있다.

　　你会说英语吗？(너 영어 할 줄 아니?) — 会！(할 수 있어!)

6. 부정형은 '不'를 조동사 앞에 위치시킨다.

我<u>不会说</u>英语。(O)　　　　我<u>会不说</u>英语。　(X)

(c) 능원동사의 판별

문장 속에 사용된 동사가 일반동사인지 능원동사인지 문법적 표지에 의해 찾아낼 수 있다.

'想' : (그리워하다, 생각하다, 추측하다, 바라다, 원하다)

① 我很<u>想</u>(일반동사)他。 (나는 그가 매우 그립다)

② 我<u>想</u>(일반동사)办法。 (나는 방법을 생각했다)

③ 我<u>想</u>(일반동사)他不回来了。 (나는 그가 오지 않을 것이라 생각한다)

④ 他<u>想</u>(능원동사)去(동사)学校。 (그는 학교에 가고싶어 한다)

　* ①~③은 '想' 다음에 동사가 없다. ④는 '想' 다음에 동사가 있다.
　①~②의 '想'은 명사성목적어를 취하고 있다.

'要' : (원하다, ~하려 하다, ~하고싶다)

① 我<u>要</u>(일반동사)你。 (나는 너를 원한다)

② 我<u>要</u>(능원동사)买(동사)这本书。 (나는 이 책을 사고 싶다)

　* ①의 '要'는 명사성목적어를 취하고 있으므로 일반동사, ②의 '要'는 능원동사이다.

'得'(děi) : (~해야만 한다)

① 到故宫<u>得</u>(일반동사)半个小时。 고궁까지 30분 걸린다.

② 到天安门<u>得</u>(능원동사)坐(동사)车。 천안문까지는 차타고 가야만 한다.

　* ①의 '得'는 명사성목적어를 취하고 있으므로 일반동사, ②의 '得'는 능원동사이다.

(d) 능원동사의 종류

1. 능력, 경험 (~할 수 있다) : 能, 能够, 可以 (주관적 능력을 통해)
　　　　　　　　　　　　　会 (학습,경험을 통해)

■ '能'과 '可以'는 의미가 유사하여 상호 교환 사용이 가능하다.

① 他一分钟**能**打三百个字。 (그는 1분에 300타를 칠 수 있다)

② 她**可以**好几天**不吃**东西。 (그녀는 며칠 동안 음식을 먹지 않을 수 있다)

③ 哪儿**能**买到邮票? (우표는 어디서 살 수 있나요?)

④ 多长时间**能**做好? (얼마나 걸려야 다 완성될 수 있나요?)

⑤ 我希望**能够**完成这个任务。 (나는 이 임무를 완성하기를 희망합니다)

⑥ 他不**能够**与别人沟通。 (그는 다른 사람들과 소통하지 못한다)

⑦ 百忙之中**能够**抽出空儿来，非常感谢。 (바쁘신 중에 시간을 내주셔서 정말 감사드립니다)

⑧ 又**会**弹吉他，又**会**打鼓。 (기타를 칠 줄도 알고, 드럼을 칠 줄도 압니다)

⑨ 你**会**划船吗? (노를 저을 줄 아십니까?)

⑩ 我的女朋友**会**骑摩托车。 (제 여자친구는 오토바이를 탈 줄 압니다)

- ‘能’, ‘可以’ : ~할 수 있다, ~해도 좋다
  能走路---다리 힘이 좋아 먼 길을 걸을 수 있음

- ‘会’ : 학습, 연습, 경험을 통해 ‘~할 수 있다’는 의미
  会走路---걷는 기술이 좋아(경험,학습을 통해) 잘 걸음

2. 허가 (~해도 좋다) : 可以

① 你**可以**抽烟! (담배 피우셔도 됩니다)

② 我**可以**出门吗? (외출해도 됩니까?)

③ 我**可以**请你帮个忙吗? (제가 부탁을 드려도 될까요?)

④ 你**可以**去划船, 也可以打网球。 (너는 뱃놀이를 가거나 테니스를 치거나 할 수 있다)

3. 소망, 의욕 (~하고 싶다, ~하기를 바라다, 기꺼이 ~하다, 감히 ~하다) : 想, 要, 肯, 敢

① 我明天**想**见你。 (저는 내일 당신을 보고싶습니다)

② 我**想**买些苹果。 (저는 사과를 좀 사고싶어요)

③ 我**要**看医生。 (저는 진찰을 받고싶습니다)

④ 我**要**<u>去</u>撒尿。(소변을 좀 보고싶어요)

⑤ 他向来**肯**<u>帮助</u>同学。(그는 줄곧 기꺼이 학우들을 도우려 한다)

⑥ 他**肯**不**肯**<u>来</u>？(그가 오려고 합니까?)

⑦ 我不**敢**<u>来</u>啊。(저는 감히 올 수가 없네요)

⑧ 我**敢肯**定他本无恶意。(저는 그가 본래 악의가 있었던 건 아니라고 확신합니다)

4. 당위(마땅히 ~해야만 한다) : 应该, 该, 应当, 得(děi), 要

① 你**应该**<u>照顾</u>你弟弟！(너는 마땅히 네 남동생을 돌봐야 한다)

② 我不知道**应该**<u>怎么</u>说才好。(나는 어떻게 말해야 좋을지를 모르겠다)

③ 我**该**<u>回家</u>了。(저는 집에 돌아가야 합니다)

④ 没有他我**该**<u>怎么</u>办？(그가 없으면 내가 마땅히 어찌 해야 할까요?)

⑤ 人们**应当**<u>忘记</u>过去向前看。(사람은 과거를 잊고 장래를 내다보아야 한다)

⑥ 我们**应当**<u>保护</u>妇女和孩子。(우리는 마땅히 부녀자와 아이들을 보호해야 한다)

⑦ 非**得**<u>去</u>一趟不行。(한 번 가지 않으면 안 된다)

⑧ 要取得好成绩，就**得**努力<u>学习</u>。(좋은 성적을 얻으려면, 열심히 공부해야 한다)

⑨ 大家都**要**<u>小心</u>！(모두 조심해야 한다)

⑩ 向图书馆借书，**要**按时<u>归还</u>。(도서관에서 책을 빌리면, 기한에 맞춰 반환해야 한다)

5. 평가, 권고 (~할 가치가 있다) : 值得 (예외적으로 '可以'를 쓰기도 함)

① 这本书**值得**<u>读</u>一遍。(이 책은 한 번 읽을 가치가 있다)

② 东西好，价钱又便宜，**值得**<u>买</u>。(물건이 좋고, 값도 싸니 살 가치가 있다)

③ 他的行动**值得**<u>表扬</u>。(그의 행동은 칭찬할만한 가치가 있다)

④ 这个菜很好吃，你**可以**<u>尝</u>一尝。(이 음식 굉장히 맛있는데, 한 번 드셔보세요)

⑤ 你**可以**跟他<u>商量</u>一下。(그 사람하고 상의해 보세요)

⑥ 这个问题**可以**<u>研究</u>。(이 문제는 연구할 가치가 있다)

⑦ 衣服大了**可以**改小。(옷이 크면 작게 고칠만하다)

6. 개연성, 추측 (~일지도 모른다, ~일 것이다) : 会, 要, 该, 得, 可能
'要'는 '会'보다 주관성이 더 강함

① 明天她**会**来的。(내일 그녀는 아마 올 것이다)

② 已经这么晚了。他不**会**来的。(이미 이렇게 늦었는데 그는 안 올 것이다)

③ **要**下雨了。(비가 오려고 한다)

④ 今天**要**下雨。(오늘은 눈이 올 거에요)

⑤ 社会总是**要**前进的。(사회는 발전하기 마련이다)

⑥ 再过一段时间,**该**穿毛衣了。(이제 좀 더 지나면 스웨터를 입어야 할 것이다)

⑦ 我会猜他**得**说什么。(나는 그가 무슨 말을 할 수 있을지를 추측할 수 있다)

⑧ 再不出发,就**得**迟到了。(바로 출발하지 않으면 틀림없이 늦을 것이다)

⑨ 他今天不**可能**回来。(그는 오늘 아마 못올 거에요)

⑩ 很**可能**他已经到家了。(아마도 그는 이미 집에 도착했을 것이다)

(e) 기타 주의할 능원동사

• 会, 能, 可能

  – 객관적인 가능성을 나타내는 경우

  Ⓐ 看样子**会**下雨。(상태를 보니 비가 올 것 같다) — '可能'으로 교환 가능

  Ⓑ **可能**找着(zháo[12])了。(아마도 찾았을 것이다) — '会'로 교환 불가능('会'는 과거추측 사용 불가능)

  Ⓒ 干这种事的人还**能**是好人。(이런 일을 하는 사람이 좋은 사람이라고 할 수 있겠는가)

  – '会'와 '可能' 모두 가능성 표시

  Ⓐ 晚上**可能**下雨。저녁에 아마 비가 올 것 같다. (미래의 추측)　　　晚上**会**下雨。(O)

  Ⓑ **可能**已经下雨了。아마 이미 비가 왔을 것이다. (과거의 추측)　　　**会**已经下雨了。(X)

- 能, 能够, 得(dé), 可以
  - 주변 상황, 정황 혹은 심리상의 '허가' 표시

    Ⓐ 教室里不**能**抽烟。(교실 안에서는 담배를 피울 수 없다)

    Ⓑ 会骑自行车的人都**能**参加。(자전거를 탈 줄 아는 사람들은 모두 참가할 수 있다)

    Ⓒ 谁都**可以**提意见。(누구든지 의견을 낼 수 있다)

    Ⓓ 每天晚上不到十二点, 不**得**休息。(매일 밤 12시가 되지 않으면 쉴 수 없다)

  - '不得' 뒤에는 종종 부정형식의 목적어를 동반함

    不得不说话(하는 수 없이 말하다) / **不得**不告诉你(어쩔 수 없이 너에게 알려준다)

2) 형용사[形容词]

사람이나 사물의 형상, 성질 혹은 동작, 행위, 발전변화의 형태를 표시하는 품사이다.

快　慢　大　小　高　矮　漂亮　干净　流利　熟练　轻松　急切　寒冷

A) 문법적 특징
(1) 주로 술어와 관형어로 사용되며, 관형어로 사용될 때는 '的'와 자주 결합한다.

① 橘子**红**了。(귤이 붉어졌다)--(술어)

② 交友**慢**, 失友**快**。(친구 사귀기는 힘들지만, 한 순간에 잃을 수는 있다)-(술어)

③ 一切都非常**突然**。(모든 것이 너무 갑작스런 일이었다)-(술어)

④ 他个子很**高**, 穿着朴素。(그는 키가 무척 컸고, 옷은 소박하게 입고 있었다)-(술어)

⑤ 她又**年轻**又**漂亮**, 咱哪能挨得上。(그녀는 젊고 아름다운데, 내가 어떻게 접근할 수 있
   겠는가)-(술어)

⑥ **红**苹果送给朋友。(빨간 사과를 친구에게 주었다)--(관형어)

⑦ 他换了**干净**的衣裳。(그는 깨끗한 옷으로 갈아 입었다)--(관형어)

⑧ 他能讲**流利**的英语。(그는 유창한 영어를 말할 수 있다)--(관형어)

(2) 종종 동사 앞에서 부사어, 동사 뒤에서 보어로도 쓰인다.
부사어가 될 때는 주로 '地'가 결합된다.

① 他**突然**闯了进来。(그는 갑자기 뛰쳐들어왔다)--(부사어)

② 她**轻松**地回答了。(그녀는 가볍게 대답했다)--(부사어)

③ 他**急切**希望不会有任何错误 。(그는 어떠한 실수도 발생하지 않기를 간절히 바랬다)--
(부사어)

④ 鲜血**染红**了上衣。(피로 물들여져서 옷이 빨개졌다)--(보어)

⑤ 他把水盆擦**干净**了 。(그는 대야를 깨끗이 닦았다)--(보어)

⑥ 孩子日渐**长高**。(아이가 날로 자라난다)--(보어)

⑦ 你的话我听**明白**了。(당신의 말을 나는 알아 들었다)--(보어)

(3) 부사의 수식을 받는다.

① <u>很</u>红(매우 붉다)　　<u>很</u>亮(매우 밝다)　　<u>很</u>大(매우 크다)　　<u>很</u>干净(매우 깨끗하다)

② <u>不</u>红(붉지 않다)　　<u>不</u>亮(밝지 않다)　　<u>不</u>大(크지 않다)　　<u>不</u>干净(깨끗하지 않다)

(4) 형태의 변화 없이도 명사처럼 주어나 목적어로 쓰일 수 있다.

① 四川人不怕**辣**(목적어),　湖南人**辣**不怕(주어),　江西人怕不**辣**(목적어)。
(스촨사람은 **매운 것을** 두려워 하지 않고, 후난사람은 **매워도** 두려워 하지 않으며, 장
시사람은 **맵지 않은 것을** 두려워 한다)

② 不怕**慢**, 只怕站。(느린 것을 걱정하지 말고, 중도에 그만둘 것을 걱정하라)--(목적어)

③ **虚心**使人进步, **骄傲**使人落后。(겸손은 사람을 진보하게 하고, 교만은 사람을 퇴보시킨
다)--(주어)

④ 行为**漂亮**, 才是**漂亮**。(행동이 훌륭해야 진정 훌륭한 것이다)--(술어, 목적어)

(5) 중첩이 가능하다 – 형용사의 중첩(**重叠**)
형용사는 중첩 후 의미가 더욱 강해지고 생동감이 더해진다.

白(희다) -- 雪白(눈처럼 희다)　　　　　　慢(느리다) -- 慢慢(儿)的(천천히, 차근차근)

好(좋다) --- 好好儿(的)(잘, 꽤)　　　　　　高兴(기쁘다) --- 高高兴兴(꽤 기분좋은)

干净(깨끗하다) --- 干干净净(매우 깨끗한, 깔끔한)　　漂亮(예쁘다) --- 漂漂亮亮(참으로 예쁘다)

(a) 단음절형용사

长---长长的(길쭉한)　　短---短短的(짧다란)　　大---大大的(크나큰)　红---红红的(벌건)

(b) 이음절형용사

- AB → AABB: 快乐 --- 快快乐乐(아주 유쾌하다)　正经 --- 正正经经(매우 정직하다,단정하다) 老实 --- 老老实实(매우 성실하다)
- BA → BABA: 雪白 --- 雪白雪白(새하얗다)　漆黑 --- 漆黑漆黑(칠흑같이 캄캄한) 通红 --- 通红通红(시뻘겋다)

(c) 'A里AB'식

糊涂 --- 糊里糊涂(흐리멍텅하다)　　傻气 --- 傻里傻气(어리바리하다)

(d) 의성사[拟声词]

叮当(짤랑) --- 叮叮当当(땡그랑)　　劈啪(짝짝,탕탕) --- 劈劈啪啪(톡톡)

B) 형용사의 분류

(1) 성질형용사: 사람, 사물의 성질이나 속성을 표시. 문장에서 술어, 관형어로 사용된다.

热, 冷, 好, 坏, 甜, 苦, 高, 低, 诚实, 优秀, 恶劣, 特殊……

(2) 상태형용사: 생생하게 살아있는 상황 묘사. 정도부사의 수식을 받을 수 없고, '不'로 부정할 수 없다.

雪白, 黑洞洞, 热乎乎, 冷冰冰, 绿油油, 红通通的, 慢腾腾的, 清清楚楚……

C) 형용사와 동사의 구분

(1) 동사와의 공통점

• 부사의 수식을 받는다.

不平坦(평평하지 않다)　　　很诚实(매우 성실하다)　　　非常漂亮(매우 아름답다)

• 정반의문문을 만들 수 있다.

你最近忙不忙？(당신은 최근에 바쁘십니까?)

这个颜色鲜艳不鲜艳?(이 색상은 산뜻합니까?)

• 중첩하여 사용할 수 있으나 중첩방식은 다르다.

蓝蓝的天空(푸른 하늘)　　　打扫得干干净净的(말끔하게 청소했다)

형용사: AABB식— 清清楚楚(또렷하다)　　　干干净净(말끔하다)

동사: ABAB식—考虑考虑(고려해보다)　　　研究研究(연구해보다)

(2) 동사와의 차이점

• 동사는 목적어를 수반할 수 있으나 형용사는 불가능하다.

吃中国菜(중국요리를 먹다)　　爱祖国(조국을 사랑하다)

高兴你(X)　　　　　　　　干净我的房间(X)

• 형용사는 줄곧 정도부사의 수식을 받는다.

很红(매우 붉다)　　太高(너무 높다)　　非常热(너무 덥다)

很去(X)　　　　　太吃(X)　　　　　非常散步(X)

(3) 형용사와 동사의 구분

	'很'의 수식	목적어 보유 유무	
1	+	+	'1,2,3'은 동사
2	-	+	
3	-	-	
4	+	-	'4'는 형용사

- '很'의 수식을 받지 않거나 혹은 목적어를 거느릴 수 있으면 동사
- '很'의 수식을 받고, 목적어를 거느릴 수 없는 것은 형용사

3) 용언성 대사[代词]

'(1)체언—2)대사—d)용언성(用言性)代词'편 참고

实词	体词	名词：水　树　道德　战争　人　朋友　花　山　老师　学生 处所词：韩国　欧洲　北京　图书馆　邮局　宿舍　天安门 方位词：里　外　上　下　里头　外边　东边　中间　后面 时间词：今天　现在　从前　今天　晚上　星期一　春节 区别词：男　女　金　银　新式　高级 数词：零　一　二　三　十　百　千　万 量词：个　只　块　条 代词(체언성)：我　谁　这　那　什么
	用词	动词：来　听　说　写　买　去　走　研究 形容词：好　红　大　多　干净　美丽　雪白　冰凉 代词(용언성)：这么　这样　那么　那样　那么样　怎么
虚词		副词：很　太　也　已经　非常　特别　再　马上 介词：把　被　从　连　对　比　由于 连词：可是　如果　即使　和　跟　同　与　或者 助词：的　地　得　所　了　着　过　似的 语气词：啊　吗　呢　吧
		拟声词：啪　哗啦　丁丁当当 感叹词：哦　哎呀　呸

02 허사[虚词]

허사는 주어, 목적어, 술어 등 단독적인 문장성분으로 사용될 수 없는 품사를 가리킨다. 문장 속에서 다만 일정한 문법적 작용을 할 뿐 어떤 구체적이고 실제적인 의미를 나타내지는 못 한다.

부사[副词], 전치사[介词], 접속사[连词], 조사[助词], 어기사[语气词], 의성사[拟声词], 감탄사[叹词] 등이 있으며, 단독적으로 사용하지 못하고, 문법구조 내에서의 위치가 고정되어 있다.

的, 把, 被, 所, 呢, 吗, 因为, 和, 或……

- 부사: 술어를 꾸며주는 부사어의 역할을 한다.

已经(이미)　　很(매우)　　太(너무)　　也(~도)　　特别(특히)

- 전치사: 명사성 성분 앞에 놓여 주위 구(句)와의 관계를 명확히 해주는 역할을 한다.

把(~을)　　被(~에 의하여)　　从(~로부터)

- 접속사: 문장과 문장을 연결해 준다.

可是(그러나)　　但是(그러나)　　如果(만일 ~이라면)

- 조사: 부가적인 내용을 설명할 때 사용하며, '구조조사, 동태조사, 어기조사'가 있다.

구조조사: 的, 得, 地　　동태조사: 了, 着, 过　　어기조사: 吗, 呢, 吧

- 의성사: 소리를 흉내내는 역할을 한다.

哈哈(하하)　　咚咚(쿵, 탕탕)

· 감탄사: 환호, 응답, 강렬한 감정 등을 표현하는 데 사용한다.

哎呀(아이야!, 아이쿠!)　　　呸(치!, 쳇!)

(1) 부사[副词]

부사는 단지 동사, 형용사 술어 앞에 놓여 부사어로 사용되며, 술어를 꾸며주는 역할을 하는 허사이다.

1) 문법적 특징

· 부사어(副詞語)로 사용되어 동사, 형용사 혹은 문장 전체를 수식하는 역할을 한다. 아래 예문에서 굵은 글씨체의 부사는 모두 밑줄친 동사나 형용사 앞에서 이들을 수식하여 동작이나 상황을 보다 구체화하여 설명하는 역할을 하고 있다.

① 我**最**喜欢春天。 (나는 봄을 가장 좋아한다)

② 这件事情我**不**知道。 (이 일을 나는 모른다)

③ 他的演技**非常**好。 (그의 연기는 매우 훌륭하다)

④ 她是我们班中**最**美丽的女同学。 (그녀는 우리반에서 가장 예쁜 여학생이다)

⑤ **难道**你不知道？(설마 당신이 모르는 건 아니겠죠?)

· 부사는 명사를 수식할 수 없으나, 일부 예외적인 경우 직접 명사를 수식하기도 한다.

① 他**就**一本书。 (그는 겨우 책 한 권뿐이다)

② 她**刚**十三岁。 (그녀는 겨우 열세 살이다)

③ 你什么时候来？ --- **大概**明天。 (너 언제 올거니? --- 아마 내일)

· 일반적으로 단독적인 문장성분이 될 수 없으나, 묻는 말에 대답하는 경우 간단한 답변으로 사용하기도 한다.

① 你什么时候来的？ --- **刚刚**。 (너 언제 왔니? --- 방금)

② 你明天一定来吗？ --- **一定**！(너 내년에 꼭 올거니? --- 꼭!)

2) 부사의 종류

부사는 나타내는 의미에 따라 다음 6가지로 나눌 수 있다.

A) 정도부사

동사나 형용사가 나타내는 의미의 정도가 심함을 표현한다.

很(매우)　太(너무)　更(더욱)　非常(굉장히)　挺(매우)　极(극히)　最(가장)　十分(대단히)

稍微(조금)　比较(비교적)　真(정말)　尽量(가능한 한)　稍微(약간)

① 最终结果**很好**、**很成功**。 (최종 결과는 매우 훌륭하고 매우 성공적입니다)

② 我穿这个**太鲜艳**了。 (이것을 입어보니 색깔이 너무 화려합니다)

③ 选票比子弹**更有**力量。 (투표는 총알보다 강하다)

④ **非常**感谢你对我公司感兴趣。 (본사를 지망해 주셔서 감사합니다)

⑤ 晚上滑雪**挺有**意思。 (밤에 스키 타면 정말 재미있습니다)

⑥ 那场战争持续了**极长**的时间。 (전쟁은 끝없이 계속되었다)

⑦ **最重要**的事留到最后做。 (가장 중요한 일은 맨 마지막으로 남겨졌다)

⑧ 今天我们班的同学们都**十分开心**。 (오늘 우리반 친구들은 모두 매우 즐거웠다)

⑨ 我**稍微**喝点酒脸就红。 (나는 술을 조금만 마셔도 얼굴이 곧 빨개진다)

B) 범위부사

주어가 나타내는 사람, 사물, 사건 등의 범위를 표시한다.

只(단지)　都(모두)　仅(단지)　仅仅(단지)　就(단지)　共(모두)　一共(모두)　总共(전부)

光(단지 ~뿐)　一起(함께)　一块儿(함께)

① 我**只做**了一半,很遗憾 。 (반 밖에 못해서 정말 죄송합니다)

② 我们**都很好**。 (우리 모두 매우 좋다)

③ 据我所知,它**仅维持**了几年。 (내가 아는 한, 그것은 단지 2년 정도 지속됐을 뿐이다)

④ **仅仅**是时间问题。 (단지 시간의 문제일 뿐입니다)

⑤ 我**就**想随便看看。(저는 단지 구경만 좀 하고 싶습니다)

⑥ 我们班**共**<u>有</u>三十个学生。(우리반에는 총 30명의 학생이 있습니다)

⑦ 请结账, 一共<u>多少钱</u>?(계산을 부탁합니다. 전부 얼마죠?)

⑧ 我和我丈夫<u>在</u>一起**总共**二十年。(저와 남편은 모두 20년을 함께 했습니다)

C) 시간부사

행위자 동작 발생의 시간적인 개념을 표시해 준다.

刚(刚)(방금)　正(~하는 중)　在(지금 막)　正在(막 ~하는 중)　就(곧)　才(겨우)　常(늘)

马上(곧)　忽然(갑자기)　已(经)(이미)　曾(经)(일찍이)　从来(여태)　一直(줄곧)　逐渐(점점)

① 我妻子**刚**<u>生</u>小孩。(아내가 막 아기를 낳았다)

② 我**正在**<u>退房</u>。(저는 지금 체크아웃하고 있습니다)

③ 她**马上就**<u>来</u>。(그녀는 곧 올 겁니다)

④ 要多久**才**能<u>好</u>?(얼마나 걸려야 좋아질 수 있을까요?)

⑤ 周末他们**常**<u>去</u>看电影。(그들은 주말에 자주 영화를 보러 갑니다)

⑥ 我们**马上就**<u>到</u>。(우리는 곧 도착합니다)

⑦ 她**忽然**向我<u>走来</u>。(그녀가 갑자기 내쪽으로 걸어왔다)

⑧ 我**已经**<u>点完</u>菜了。(저는 이미 음식주문을 다 했어요)

⑨ 我**一直**<u>等</u>到天黑。(나는 어두워질 때까지 기다렸다)

⑩ 他的意见**逐渐**<u>占</u>了上风。(그의 의견이 점점 득세하고 있다)

D) 빈도부사

동작행위 발생의 빈도나 반복되는 상황을 강조하는 부사이다.

再(다시)　又(또)　也(~도)　还(또한)　重新(다시)　往往(종종)　总(늘)　老(늘)　始终(시종)

① 等会儿**再**<u>来</u>!(좀 있다 다시 올게)

② 很快,我**又**<u>睡着</u>了。(잠시 후 나는 또 잠이 들었다)

③ 他**也**穿着<u>吊带裤</u>。 (그도 또한 멜빵바지를 입고 있었다)

④ 还<u>需</u>要多少人？(인원이 얼마나 더 필요합니까?)

⑤ 我**重新**<u>认</u>识了这个问题的重要性。 (나는 이 문제의 중요성을 다시 인식했다)

⑥ 结果**往往**真是奇怪。 (결과는 종종 정말로 예상 밖이다)

⑦ **等等**吧，事情总**会**过去的。 (기다려봐, 일이란 늘 지나가기 마련이야)

⑧ 你怎么**老**跟别人<u>较劲</u>？(넌 왜 늘 다른 사람과 대립하니?)

⑨ 这是我**始终**<u>否认</u>的事。 (이것은 내가 줄곧 부정해 온 일이다)

E) 부정부사

술어의 앞에 놓여 부정의 의미를 표현한다.

不(아니다)   没(아니다)   没有(아니)   别(~하지 마라)

① 她**不**<u>挑食</u>。 (그녀는 음식을 가리지 않는다)

② 她**没**能<u>找到</u>工作。 (그녀는 일자리를 찾을 수 없었다)

③ 幸好你**没有**<u>结婚</u>。 (당신이 결혼하지 않아서 다행이다)

④ **别**<u>插手</u>这件事。 (이 일에 간섭하지 마세요)

F) 어기부사

어기부사는 강한 어기를 나타내어 문장의 느낌을 강화시킨다.

可(그렇다, 그렇고 말고)   就(바로)   也许(아마도)   难道(설마 ~인가)   简直(정말로)

① **可**不是吗。 (그렇고 말고요)

② **就**那样干吧。 (바로 그렇게 합시다)

③ 我以后**也许**会对此很后悔。 (내가 나중에 이 일에 대해 상당히 후회할지도 몰라요)

④ **难道**他做错了什么？(그가 설마 무슨 잘못이라도 한 건 아니겠죠?)

⑤ 我对她**简直**就是一见钟情。 (나는 그녀에 대해 정말 첫눈에 반해버렸다)

3) 주의할 용법

- '就'의 경우 하나의 부사가 여러 의미를 가질 수 있다.

  ① 我这就去。(내가 이 때 곧 가겠다) -- 시간적 개념

  ② 就他没来。(바로 그 사람만 안 왔다) -- 강조, 범위

  ③ 我就不去。(난 가지 않겠다) -- 강한 의지, 어기

- 문장 속에서 '没有'는 부정사'没' + 동사'有'일 경우도 있고, 단독 부사일 경우도 있다.

  ① '没有' 다음에 형용사나 동사가 오면 부사 -- 他没有去。(그는 가지 않았다)

    橘子还没有红。(귤이 아직 익지 않았다)

  ② '没有' 다음에 명사가 오면 부정사 '没'+동사 '有' -- 他没有书。(그는 책이 없다)

    这次没有他。(이번엔 그가 없다)

- '没/没有+NP' : 존재나 소유의 유무를 표시--(文言文 중의 '无'와 같음)

  没有共产党, 就没有新中国。(공산당이 없었다면 새로운 중국은 없었다)

  他没有孩子。(그는 아이가 없다)

  '没/没有+VP' : 미완성의 동작이나 행위를 표시--(文言文 중의 '未'와 같음)

  饭没煮熟。(밥이 아직 다 안 익었다)   今天没下雨。(오늘은 비가 오지 않았다)

  隧道还没有打通。(터널이 아직 개통되지 않았다)

- '没有孩子'의 긍정형식은 '有孩子' ; '没去'의 긍정형식은 '有去'가 아니라 '去了'이다.
  '没有+NP'에서는 '没'가 부정부사이고; '没有+VP'에서는 '没有'가 부정부사이다.

  '没有+NP': 부정부사   '没有+VP': 부정부사

(2) 전치사[介词]

전치사는 '把, 被, 在, 往, 到, 从, 由, 向, 朝, 对于, 关于……' 등의 허사(虚词)로서 일반적으로 명사성 어구와 결합하여 '전치사구조[介宾结构]'를 형성한다. 전치사구조는 문장

내에서 부사어로 사용되어 술어가 표시하는 동작의 '시작, 방향, 장소, 시간, 대상, 방식, 원인, 목적, 배제' 등의 의미를 구체화시켜준다.

从首尔来 (서울에서 오다)　　　谁到上海去？(누가 상하이로 가는가?)

坐在椅子上(의자 위에 앉다)　　被他打了一顿(그에게 한바탕 얻어맞았다)

1) 문법적 특징

- 동사와의 의미적 관계를 구체적으로 설명해준다. 전치사구는 주로 주어와 술어 사이에 위치한다.
  그러나 종종 주어 앞에 위치할 때도 있다.

  ① 我从北京来。(저는 베이징으로부터 옵니다)

  ② 谁到长白山去? (누가 백두산에 갔는가?)

  ③ 关于高龄化社会的问题，我们现在很感兴趣。(고령화사회 문제에 관하여 우리는 지금 매우 관심이 높습니다)

- 전치사구조는 주로 부사어로 사용되지만, 관형어나 보어로도 쓰인다. 관형어로 쓰일 때는 '的'가 결합된다.

  ① 我对中国的书法很感兴趣。(저는 중국 서예에 관심이 많습니다)--관형어

  ② 我把书放在桌子上了。(저는 책을 책상 위에 놓았습니다)--보어(補語)

- 전치사구조는 전치사를 연용(連用)하기도 한다.

  ① 从小到大(작은 것에서 큰 것까지)

  ② 从早到晚(아침부터 저녁까지)

  ③ 从首尔到釜山(서울에서 부산까지)

- 현대중국어 중 대부분의 전치사는 고대중국어의 동사에서 변화되어 왔다. 따라서 아직 동사로서의 문법적 성질을 다분히 가지고 있다.

① 他在家。(그는 집에 있다)--동사   他在家吃饭。(그는 집에서 밥을 먹는다)--전치사

② 时间到了。(시간이 되었다)--동사   他到北京去。(그는 베이징으로 갑니다)--전치사

- 전치사와 동사의 차이점
  1) 전치사는 독립적인 문장성분이 될 수 없다.
  2) 명사목적어를 동반하지만 동작행위를 가하는 것이 아니라, 전치사구조를 형성하여 술어를 꾸며주는 부사어가 된다.
  3) 중첩할 수 없다. 동태조사 '了, 着, 过'와 함께 쓸 수 없다.

2) 전치사의 종류

A) 시간, 공간, 기점

① 他自18岁起就一直研究中国的文化。(그는 18세부터 줄곧 중국문화를 연구해왔다)

② 你住的地方离这里有多远?(당신은 여기에서 얼마나 멀리 사시나요?)

③ 活到老, 学到老。(누구도 너무 나이 들어 배울 수 없는 건 아니다)

④ 当学习的时候, 不要做别的事。(공부할 때에는 딴 짓 하지 마라)

⑤ 他在国学研究所工作。(그는 국학연구소에서 일한다)

⑥ 他生于1986年。(그는 1986년에 태어났다)

⑦ 水顺着山沟流。(물이 산골짜기를 따라 흐른다)

B) 방향

① 向南一直走就到医院了。(남쪽으로 곧장 가면 병원에 도착하게 된다)

② 一直往前走。(곧장 앞으로 가세요)

③ 他朝公交车站走去。(그는 버스정류장 쪽으로 걸어갔다)

④ 为什么对着我撒气？(왜 나한테 화풀이야?)

C) 근거

① <u>根据</u>刑法进行处罚。(형법에 따라 처벌하다)

② <u>按照</u>法理判决。(법리에 따라 재판하다)

③ <u>依据</u>相一致的意见做决定。(상한된 의견에 따라 하기로 했다)

④ <u>靠</u>名气吃饭。(이름을 팔아먹고 살다)

⑤ <u>趁着</u>热快吃。(뜨거울 때 빨리 드세요)

⑥ <u>凭</u>本事吃饭。(능력으로 먹고살다)

⑦ <u>随</u>父亲的工作地点转学。(아버지의 근무지를 따라 전학하다)

⑧ 他们<u>随着</u>音乐跳舞。(그들은 음악에 맞추어 춤을 추었다)

D) 수단

① <u>用</u>温水洗脸。(미지근한 물로 얼굴을 씻어라)

② 您可<u>以</u>水代酒。(술대신 물로 드셔도 됩니다)

③ 这个菜是<u>拿</u>什么做的？(이 요리는 무엇으로 만든 것입니까?)

E) 방법

① <u>经过</u>住院治疗, 他的身体已经复原。(입원 치료를 통하여 그의 건강은 이미 회복되었다)

② <u>通过</u>大字报、座谈会表示意见。(대자보와 좌담회를 통해 의견을 나타내다)

F) 원인

① <u>因</u>病休学。(질병으로 휴학하다)

② <u>由于</u>地震地裂了。(지진으로 땅이 갈라졌다)

G) 목적

① <u>为</u>祖国而战。(조국을 위하여 싸우다)

② <u>为了</u>你我会放弃一切。(당신을 위해서 모든 것을 버리겠어요)

H) 대상

① 他<u>跟</u>孩子们逗着玩。(그는 아이들과 장난하고 있다)

② 我<u>同</u>你一起去商场。(나는 너와 함께 시장에 간다)

③ 到头来，还得<u>由</u>他们决定。(결국 결정은 그들에게 달려 있다)

④ 他<u>对</u>对外贸易作了很大贡献。(그는 대외 무역에 크게 공헌했다)

⑤ <u>关于</u>那件事我不清楚。(그 일에 관해서 저는 모릅니다)

⑥ <u>把</u>酒杯喝干。(술잔을 다 비웠다)

⑦ <u>将</u>牛奶倒入杯里。(우유를 컵에 따랐다)

⑧ 他<u>被</u>敌人打死了。(그는 적에게 맞아죽었다)

⑨ 他<u>叫</u>雨淋了。(그는 비에 젖었다)

⑩ 羊<u>给</u>狼吃了。(양이 이리에게 잡아 먹혔다)

⑪ 这是父亲<u>给</u>我买的。(이것은 아버지가 내게 사준 것이다)

⑫ 他的成绩<u>比</u>我好多了。(그의 성적은 나보다 훨씬 좋다)

⑬ <u>除了</u>你，这是谁也不知道。(너를 제외하고 이 일은 아무도 모른다)

⑭ 你不必<u>替</u>我担心。(당신은 나 때문에 걱정할 필요 없어요)

▌전치사 분류표▐

의 미	전 치 사[介词]
시간 공간 기점	从 自 由 自从 离 到 至 当 在 于 沿 沿着 顺 顺着 连同
방향	向 向着 往 朝 朝着 对着
근거	根据 按照 按 照 依据 依据 依照 靠 依靠 趁 乘 凭着 随 随着
수단	用 以 拿

방법		经 经过 通过
원인		因 由 由于
목적		为 为了 为着
대상	공동행위	跟 和 同 与
	행위주체	由 任
	관계, 대상	对 对于 关于 就
	전치	把 将
	피동	被 叫 让 给
	수여	给
	비교	比
	제외	除 除了
	대리	替

(3) 조사[助词]

중국어의 조사는 독립성이 가장 낮으며, 또한 의미가 가장 약한 품사이다. 주로 명사, 동사, 형용사, 구(句)의 뒤, 문장 끝에 부가되어 일정한 문법적 의미를 표현하며 경성(輕聲)으로 읽힌다.

1) 조사의 분류

A) 구조조사[结构助词] '的, 地, 得'
부가성분과 중심어 간의 문법적 관계를 표현한다.

(1) 的: 관형어의 표지
'A 的 B' (A의 B, A~ㄴ B) : A를 B의 관형어로 바꾸어 주며, 종속관계를 표시한다.

① <u>我的</u>学生(나의 학생)　　<u>你们的</u>学校(너희들의 학교)　　<u>她的</u>男朋友(그녀의 남자친구)

② <u>温热的</u>手(따뜻한 손)　　<u>外在的</u>美(외적인 아름다움)　　<u>老的</u>人(늙은 사람)

③ <u>上火的</u>脸(달아오른 얼굴)　 该<u>来的</u>总是会<u>来的</u>(마땅히 올 일은 반드시 오고야 만다)

- '的'字구조
- '的'는 명사화의 표지로도 사용된다. **VP+的, AP+的 ⇒ N** (동사성 성분 → 명사성 성분)
- '的'字구조는 구조조사 '的'가 단어나 어구 뒤에 사용되어 만들어지는 문법구조이다.
  (의미: ~하는 것, ~하는 사람)
- '的'字 앞에 위치하는 문법성분은 명사, 동사, 형용사 혹은 명사성, 동사성, 형용사성 어구를 막론하고 '的'와 결합하고 나면 모두 명사성의 '的'字구조로 바뀌어 주어나 목적어로 사용된다.

  ① 大家的(모두의 것)　　我哥哥的(우리형의 것)　　他的(그의 것)　　红的(붉은 것)

  ② 生的(생 것)　　画的(그린 것)　　喝的(마시는 것)　　吃的(먹는 것)　　买的(산 것)

  ③ 卖菜的(채소 파는 사람)　　到上海去的(상하이로 간 사람)　　我发现的(내가 발견한 것)

  ④ 唱的唱, 跳的跳。 (노래하는 사람은 노래를 하고, 춤추는 사람은 춤을 춘다)

  ⑤ 大的是她的, 小的是你的。 (큰 것은 그녀의 것이고, 작은 것이 네 것이다)

  ⑥ 我讲的是真的。 (내가 말한 것은 진짜이다)

- '的'字구조는 동작의 주체[施事]일 수도 있고, 동작의 대상[受事]일 수도 있다.
  吃的 : 1. 吃东西的人　('人'은 '吃'의 施事)
  　　　 2. 吃的东西　('东西'는 '吃'의 受事)
- '的'字구조는 '是'자구에 사용되어 주어나 목적어로 쓰인다.

  早上喝的是牛奶。 (아침에 마신 것은 우유이다)　　　　他是卖菜的。 (그는 채소장수이다)

(2) 地: 부사어의 표지

'~地' (~게, ~하게, ~이, ~히, ~리) : 단어나 구와 결합하여 뒤에 오는 동사, 형용사를 수식하는 부사어로 만들어 준다. 이음절형용사나 정도부사의 수식을 받는 단음절형용사, 중첩된 단어의 뒤에는 반드시 '地'를 붙여준다.

  ① 轻轻地走。 (경쾌하게 걷다)

  ② 轻柔地爱抚。 (부드럽게 어루만지다)

  ③ 久久地沉思。 (오랫동안 심사숙고하다)

  ④ 平安地到达目的地。 (목적지에 무사히 안착했다)

⑤ 真心**地**恭喜你。(진심으로 축하합니다!)

⑥ 他很快**地**走进教室里去了。(그는 재빨리 교실 안으로 들어갔다)

⑦ 我<u>忘我</u>**地**工作。(나는 사심이 없이 일한다)

⑧ 他们<u>无休止</u>**地**争论。(그들은 끊임없이 논쟁한다)

⑨ <u>一字一顿</u>**地**说。(띄엄띄엄 말하다)

⑩ 他<u>会意</u>**地**笑了。(그가 아는 체하며 웃었다)

⑪ 我<u>无比</u>**地**高兴。(나는 아주 행복합니다)

⑫ 他每天<u>没有休息</u>**地**工作。(그는 매일 휴일도 없이 일하다)

⑬ 他<u>不停</u>**地**快速眨眼。(그는 계속 재빨리 눈을 깜빡였다)

(3) 得: 보어의 표지

'~得~' : 동사와 보어 사이에 구조조사로 쓰여 결과, 가능, 정도를 나타내는 보어구조를 만들어 준다. 동사, 형용사 뒤에 쓰이며, '得' 뒤의 성분은 보어가 된다.

① 高兴**得**很。(몹시 기쁘다)

② 洗**得**干净。(깨끗하게 씻을 수 있다, 깨끗하게 씻었다)

③ 疼**得**要命。(아파서 죽을 지경이다)

④ 你说**得**对。(당신 말이 맞습니다)

⑤ 我吃**得**很多。(저는 엄청나게 많이 먹습니다)

⑥ 你游**得**好吗?(수영 잘하세요?)

⑦ 她过**得**很寂寞。(그녀는 매우 고독하게 산다)

⑧ 他吃**得**不多，喝**得**更少。(그는 음식을 조금밖에 먹지 않았고, 술은 거의 마시지 않았다)

⑨ 她睡**得**很熟，但醒**得**也早。(그녀는 숙면에 빠졌지만 일찍 일어났다)

⑩ 活**得**长不如活**得**好。(오래 사는 것보다는 잘 사는 것이 낫다)

⑪ 脚冻**得**疼**得**受不了。(발이 시리다 못하여 아프다)

⑫ 画儿画**得**好，歌儿也唱**得**好。(그림도 잘 그리고, 노래도 잘 한다)

B) 동태조사[动态助词] '了, 着, 过'

동사, 형용사 뒤에서 일정한 문법적 의미, 즉 동작의 상태나 변화를 표현한다.

① 我已经吃了饭。 (나는 이미 밥을 먹었다) -- 동작의 완성, 실현

全到齐了。 (모두 다 도착했다)

学期终了。 (학기가 끝났다)

她在这里住了10年。 (그녀는 여기서 10년을 살았다)

他得了病取消了旅行。 (그는 병이 나서 여행을 취소했다)

② 他吃着饭呢。 (그녀는 밥먹고 있잖아요) -- 동작의 진행, 지속

灯还亮着。 (등이 아직 켜져있다)

开着灯睡着了。 (불을 켜 놓은채 잠들었다)

穿着舒服吗?(입기에 편하신가요?)

抱着我吻我。 (껴안고 키스해주세요)

③ 他吃过饭了。 (그는 밥을 먹었었어요) -- 동작의 경험

灯刚才亮过。 (등이 방금 켜졌었다)

他来过韩国。 (그는 서울에 와봤다)

他刚刚来过。 (그가 방금 왔었다)

她曾经卖过笑。 (그녀는 한 때 웃음을 판 적이 있다)

(1) 동태조사 '了'

(a) 동작의 완성, 완료 표시

• 동작, 행위의 완성, 완료를 표시하거나, 이미 발생해버린 상황을 설명한다.

看了一遍(이미 한 번 보았다)　　　　　看一遍(한 번 보다)

• 중국어 동태조사 '了'와 서구 언어의 동사 과거형은 의미에 차이가 있다. 서구 언어의 동사 과거형은 과거의 어느 한 시점, 말하기 이전에 발생한 일만을 표시하지만, 중국어 동태조사 '了'는 특정한 시제에 관계없이 동작이 일정한 완성상태에 있음을 표현한다. 이때 동작의 발생 시간과는 무관하며 현재, 과거, 미래시제 모두에 사용 가능하다.

① 他下了课就上图书馆去了。 (그는 수업이 끝나고 나서 곧 도서관으로 갔다) -- 과거의 일

② 下了课再去。 (수업 끝나고 나서 다시 갑시다) -- 아직 발생하지 않은 일

③ 关了灯就什么也看不见了。(불이 꺼지면 아무것도 볼 수 없다) -- 가상 속에 발생할 일

(b) '了'의 기본 형식 및 특징

① 'V+了+(O)'

我已经问了老师。(나는 이미 선생님께 여쭈었다) -- 과거의 일

他买了三张票。(그는 표 3장을 샀다) -- 과거의 일

你吃了饭再去吧。(너는 밥 먹고 나서 다시 가라) -- 아직 발생하지 않은 일

② '了'는 단일동사의 뒤에 붙을 수 있으나, 때로 술보구조의 뒤에도 붙을 수 있다.

把草拔干净了再上肥。(풀을 깨끗이 다 뽑고 다시 비료를 준다) -- 아직 발생하지 않은 일

你做完了功课，我才让你去玩儿。(너가 숙제를 다 해야 내가 비로소 너로 하여금 놀러가게 할 것이다) -- 아직 발생하지 않은 일

③ 'V+了+시량보어[时量补语]'
시량보어(시간의 양)가 표시하는 의미는 앞의 동사에 따라 두 가지로 달라진다.

• 동사의 의미가 <u>지속적</u>: 시량보어가 동작이 지속하는 시간을 표시

等了一年。(1년 동안 기다리다)　　　坐了一会儿。(잠깐 동안 앉았다)

睡了两个钟头。(2시간 동안 잤다)　　病了一个月。(한 달 동안 아팠다)

• 동사의 의미가 <u>비지속적</u>: 동작 완성 이후 경과하는 시간을 표시

死了三年了。(죽은 지 3년이 되었다)

他回来了好几个月了。(그는 돌아 온 지 몇 개월이 되었다)

自行车丢了一个星期了。(자전거를 잃어버리고 일주일이 지났다)

④ 'A+了+(수량사, 很多, 好多, 不少)'
이미 실현된 일을 표시한다.

短了一寸。(한 촌이 짧아졌다)　　　稍微大了一点儿。(조금 커졌다)

比以前瘦了好多。(이전에 비해서 대단히 살 빠졌다)

⑤ '了'의 부정형식: '~~了' ⇔ '没(有)~~'

看了一遍(한 번 봤다) ⇔ **没(有)**看(보지 않았다)

套好了车(차를 덮었다) ⇔ **没(有)**套好车(차를 덮지 않았다)

A: 긍정형 : 有孩子。　　　　　　　A: 긍정형 : 去了。

B: 부정형 : 没(有)孩子。　　　　　 B: 부정형 : **没(有)**去。

C: 의문형 : 有没有孩子？ 有孩子没有？　　C: 의문형 : 去了没有？

⑥ 동작의 '완료, 완성'과는 무관한 동사
'是(~이다), 姓(성이 ~이다), **好像**(마치 ~와 같다), 属于(~에 속하다), 觉得(~라고 생각하다), 认为(~라고 여기다), 希望(희망하다), 需要(필요하다), 作为(~로 삼다, ~로 여기다)' 등의 뒤에는 '了'를 붙일 수 없다.

我是了学生。(X)　　　我姓了林。(X)　　　我认为了他是好人。(X)

이러한 동사들에 대한 과거의 표현은 다른 어구를 사용하여 표현해야 한다.

⑦ 연동문[连动式]이나 겸어문[兼语式]에서는 일반적으로 후면 동사에 '了'를 붙인다.

我去图书馆借了两本书。(나는 도서관에 가서 두 권의 책을 빌렸다) -- 연동문

我已经叫他找来了一本书。(나는 이미 그로 하여금 책 한 권을 찾아오게 했다) --겸어문

단, 강조할 때는 앞에 붙일 수도 있다.

我们也找了一个旅馆住了一夜。(우리도 여관 하나를 찾아서 하룻밤을 묵었다)

(c) 어기조사[语气助词] '了'

• 어기조사 '了'는 동태조사 '了(le)'와 동형동음(同形同音)이며, 문장 끝에 사용되어 여러 가지 어기(語氣)를 표현한다.

> 동태조사 '了' : 문중(文中)에 출현　　　　어기조사 '了' : 문말(文末)에 출현

• 강조할 때 사용한다. '太', '可' 등의 정도부사와 잘 호응하며, 정도보어식의 문말에도 잘 쓰인다.

① 他来过了。(그는 왔던 적이 있다)

② <u>太</u>小了。(너무 작아요)

③ 这个东西<u>太</u>贵了。(이 물건 너무 비싸요)

④ 饿死了。(배고파 죽겠다)

⑤ 那<u>太</u>好了。(그것 참 좋네요)

⑥ 事情<u>可</u>多了。(일이 너무 많아요)

• '了'는 문말에 쓰이며, '快', '快要' 등과 호응하여 어떤 상황이 임박했음을 표현한다.

① 我们<u>快</u>到了。(우리는 곧 도착할 것이다)

② 比赛<u>快要</u>开始了。(시합이 곧 시작될 것이다)

• <u>상황, 상태의 변화</u>를 나타낸다. 형식은 'VP+了', 'A+了', 'NP+了'이 있다.
'VP+了'
어떤 동작이 일어날 상황으로의 변화를 표현한다.

① 下雨了。(비가 오기 시작한다 — 본래 맑았지만)

② 他也喜欢喝酒了。(그는 술 마시는 것을 좋아하게 되었다 — 본래 좋아하지 않았지만)

③ 我吃饭了。(밥을 먹게 되었다 — 본래 먹을 수 없었지만)

④ 我不去了。(나는 안 가겠다 — 본래 가려고 했지만)

⑤ 我能看中国电影了。(나는 중국영화를 볼 수 있게 되었다)

⑥ 我爱上她了。(나는 그녀를 사랑하게 되었다)

'A+了'

형용사가 표현하는 의미로의 상태 변화를 나타낸다.

① 头发白了。(머리가 희어졌다)

② 他老了。(그는 늙었다)

③ 天亮了。(하늘이 밝아졌다)

④ 苹果红了。(사과가 빨개졌다)

⑤ 衣服脏了。(옷이 더러워졌다)

'NP+了'

명사가 표시하는 시기나 상황으로의 변화를 나타낸다.

① 春天了。(봄이 되었다)

② 大学生了。(대학생이 되었다)

③ 月底了。(월말이 되었다)

④ 40岁了。(40살이 되었다)

⑤ 七点了，该起床了。(7시가 되었으니 일어나야 한다)

(d) 동태조사 '了'와 어기조사 '了'

- 'V+了1+O+了2'에서 '了1'은 동태조사, '了2'는 어기조사이다.
- 동작의 완성과 상황의 변화를 동시에 표현한다.
  - 동태조사일 경우 : 동작의 완료 吃了。(먹었다) 看了。(보았다)
  - 어기조사일 경우 : 상황의 변화 休息了。(휴식하게 되었다)
                                他已经睡了。(그는 이미 잠들었다)

* 我 在 这 儿 <u>住 了</u>(동태조사) 五 年 <u>了</u>(어기조사)。

V+了1(동태조사) **+ O +了2**(어기조사)

① 我在这儿住了五年。　　：난 일찌기 이곳에서 5년을 살았었다. (과거 시점. 현재와 무관)

② 我在这儿住了五年了。：난 지금까지 이곳에서 이미 5년을 살았다. (현재도 살고있음)

③ 看了两遍了。(두 번을 보았다)

④ 火车已经过了黄河了。(기차는 이미 황하를 지나왔다)

⑤ 我已经买了车票了。(나는 차표를 이미 사놓았다)

⑥ 我已经吃了，不用做饭了。(저는 이미 밥을 먹었으니 밥 지을 필요 없어요)

(2) 동태조사 '着'

- 동태조사 '着'는 동사 뒤에 결합되어 동작의 진행이나 상태의 지속을 표시한다. 이미 시작되어 계속 진행이 되고 있거나 그 상태가 끝나지 않았음을 표시한다.

① 他正上着大学呢。(그는 지금 대학에 다니고 있는 중이다)

② 外头下着大雪。(바깥에 큰 눈이 내리고 있다)

③ 灯亮着，门开着。(불은 켜져있고, 문은 열려 있다)

④ 刮着大风。(큰 바람이 불고 있다)

⑤ 还下着雨。(아직 비가 내리고 있다)

⑥ 她咬着下唇。(그녀는 아랫입술을 깨물고 있었다)

⑦ 窗户对着街。(창문이 거리와 마주보고 있다)

⑧ 水沟堵着了。(하수구가 막혀 있다)

⑨ 他正拿着一份报纸。(그는 신문 한 부를 들고 있다)

⑩ 心中充满着幸福。(마음 속에 행복이 가득 차 있다)

⑪ 她面无表情地坐着。(그녀는 얼굴에 아무 표정 없이 앉아 있다)

⑫ 他依旧凝视着窗外。(그는 여전히 창밖을 응시하고 있다)

- 坐(앉다), 站(서다), 躺(눕다), 蹲(쭈그리다), 端(받쳐들다) 등 신체의 행동, 자세를 표현하는 동사들을 사용하여 일종의 정지상태도 표시할 수 있다.

① 台上坐着主席团。(무대 위에는 임원진이 앉아 있다)

② 旁边<u>站</u>着两个孩子。 (두 아이가 옆에 서 있다)

③ 他在床上<u>躺</u>着。 (그는 침대에 누워 있다)

④ 山中<u>蹲</u>着一座古刹。 (산에 고찰 하나가 외롭게 앉아 있다)

⑤ 手里<u>端</u>着一盆水。 (손 안에 한 대야의 물을 받쳐들고 있다)

• 몇몇 동작 표시 동사도 '着'와 결합하면 동작이 끝난 후에도 계속 지속 의미를 나타낸다.

① 门<u>开</u>着呢。 (문이 열려 있다)

② 墙上<u>挂</u>着一幅画。 (벽에 한 폭의 그림이 걸려 있다)

③ 房顶上<u>盖</u>着一层厚厚的雪。 (방 꼭대기에 두터운 눈이 한 층 덮고 있다)

• 동태조사 '了'는 종종 어기조사 '了'와 함께 출현하지만, 동태조사 '着'는 종종 '呢'(진행의 어기조사)와 함께 출현하기도 한다.

① 首尔已经<u>下</u>了雪了。 (눈이 이미 내리고 있다) -- (어느 시점에서)

② 首尔正<u>下</u>着雪呢。 (눈이 내리고 있다) -- (지금도 내리고 있다)

(3) 동태조사 '过'

• 동태조사 '过'는 이미 발생하였거나 경험한 어떤 일을 표시한다. 완성 표시 '了'와는 의미가 다르다.

他<u>动了</u>手术没有？(그는 수술 했니?)   他<u>动过</u>手术没有？(그는 수술한 적이 있니?)

① 您<u>做过</u>什么运动?(당신은 어떤 운동을 해보셨나요?)

② 他不曾<u>去过</u>中国。 (그는 중국에 가 본 적이 없다)

③ 我以前<u>来过</u>这儿。 (나는 전에 여기 온 적이 있다)

④ 我们在哪儿<u>见过</u>吗?(우리 어디에서 만난 적이 있나요?)

⑤ 我听<u>说过</u>您的名字。 (당신 말씀을 들은 적이 있습니다)

⑥ 我从没有<u>犯过</u>任何罪。 (나는 범죄를 저지른 적이 없다)

⑦ 他在大学里学过数学。(그는 대학에서 수학을 공부했다)

⑧ 你最近看过什么电影?(넌 가장 최근에 본 영화가 뭐니?)

⑨ 请转告他我来拜访过。(제가 왔었다고 그분께 전해 주세요)

⑩ 调查从未发现过任何证据。(몇 차례 조사를 통해 어떤 증거도 찾아내지 못했다)

- '过'의 용법은 동사 의미(가다, 지나다, 지내다)와 조사(~한 적이 있다) 의미를 문장 속에서 구별할 수 있어야 한다.
  - 순수 동사용법: '过+NP', '过+得+VP'   순수한 동사의미

    ① (한 지점에서 다른 지점으로)가다, 건너다 :过江(강을 건너다)   过马路(찻길을 건너다)

    ② (어떤 지점이나 시점을)지나다: 过日子(날을보내다)   过冬(겨울을나다)
                      过了两个钟头(두 시간이 지났다)

    ③ 지내다, 생활하다: 生活过得越来越好(생활이 날로 좋아지다)
                      时间过得真快呀(세월 참 빠르군요)

  - 동태조사용법: 'V+过+(O)'   동작의 경험, 완료

    ① 她从未学过开车。(그녀는 운전을 배워 본 적이 없다)

    ② 我参观过一两次。(나는 한 두 번 참관했었다)

    ③ 她洗过了脸，走进餐厅。(그녀는 세수를 마친 후 식당으로 들어 갔다)

- '~过'의 부정형식

'V+过'의 부정식은 앞에 '没'를 붙여 '没+V+过'를 만든다. ('了'의 부정형식과 구분) '~过'의 부정문은 '过'를 붙일 수 있으나, '~了'의 부정문은 '了'를 붙일 수 없다는 것이 다른 점이다.

                没去过(O)   没去了(X)

    ① 去过 ⇒ 没去过   见过 ⇒ 没见过   看见过 ⇒ 没(有)看见过

    ② 这本小说我没看过。(이 소설은 내가 본 적이 없다)

    ③ 我从未见过他发疯或发火。(나는 그가 화를 내거나 성질을 부리는 것을 본 적이 없다)

④ 你没想过进校队打篮球吗?(학교의 농구선수로 뛰어보고 싶은 생각은 없으세요?)

⑤ 他这几天都没吃过应时饭。(그는 요 며칠 제때 밥을 못 먹어봤다)

• '형용사+过'

'A+过'를 사용하여 형용사가 나타내는 어떤 상황에 대한 경험, 추억 등을 표현할 수 있다.

① 北京从来没有这么冷过。(베이징은 여태껏 이렇게 추워 본 적이 없다)

② 这个人从来没有闲过。(이 사람은 여태껏 한가해 본 적이 없다)

③ 他小时候胖过。(그는 어렸을 때 뚱뚱했던 적이 있다)

• 동태조사 '过'와 결과보어로 사용된 동사 '过'의 구별
  – 爬过(동태조사)山没有?(산을 올라가본 적이 있니?)—산을 오른 경험이 있는가를 물음
    동태조사이므로 뒤에 다시 '了'를 붙일 수 없음
  – 爬过(결과보어)山就到了。(산을 넘어 올라 곧 도착했다)—산을 '넘어 가다'의 의미
    동사 보어이므로 뒤에 '了'를 붙일 수 있음

• '是，知道，在，认为，以为，免得' 등과 같은 非동작성 동사들에는 일반적으로 '过'를 붙일 수 없다.

① 我是老师。(o) (나는 선생님이다)

② 我是过老师。(x) ⇒ 我当过老师。(o) (나는 선생님이었었다)

• '过'는 과거 표현에만 사용하지만, '了'는 과거, 미래 모두 사용할 수 있다.

① 去年我去过长城。(작년에 나는 만리장성에 간 적이 있다)

② 昨天我去了长城。(나는 어제 만리장성에 갔었다)

③ 明天去了长城，再去参观十三陵。(내일 만리장성에 갔다가 다시 '13릉'을 참관하러 가자)

'了' 자체는 미래의 의미가 없지만 문장 앞에 미래를 나타내는 단어나 어구가 나오면 미래 의미의 어기를 가진다.

C) 어기조사[语气助词]

문장의 끝에서 여러 가지 어기를 표시한다. 독립성이 약하여 일반적으로 다른 어구와 결합하여 사용되는 허사이다.

	어 기 사
진술(陈述)	了, 吧, 呢, 啊, 嘛, 啦, 罢了
의문(疑问)	吗, 呢, 吧, 啊
명령(命令)	吧
감탄(感叹)	啊
기원(祈使)	吧, 了, 啊

(4) 접속사[连词]

• 접속사는 단어와 단어, 구와 구, 문장과 문장을 연결시켜 주어 양자간 일정한 논리관계를 표시하는 허사이다.

和, 与, 同, 跟, 及, 以及, 或, 或者, 而且, 并且, 如果, 即使……

① 我要炸虾和龙虾。(나는 새우튀김에 바닷가재 요리를 먹겠어요)

② 传说与事实很难分辨。(전설과 사실은 구분하기가 어렵다)

③ 技术同生产是分不开的。(기술과 생산은 분리할 수 없는 것이다)

④ 想想看, 我跟她都认识3年了。(생각해보니 그녀를 안지도 벌써 3년이나 되었다)

⑤ 将肉、洋葱、胡萝卜及一些佐料拌在一起。(고기, 양파, 당근, 그리고 양념을 섞으세요)

⑥ 我收集贝壳以及海边有趣的东西。(나는 조가비와 바닷가의 흥미로운 물건들을 수집한다)

⑦ 或你去, 或他去, 都可以。(네가 가든지, 혹은 그가 가든지, 모두 다 된다)

⑧ 或者你来接我, 或者我自己去, 都可以。(네가 와서 나를 마중하던가, 아니면 나 혼자 찾아가든지, 다 괜찮다)

⑨ 要有耐心而且要坚持。(인내심을 가져라. 그리고 견디어내라)

⑩ 他做事很认真, 并且很仔细。(그는 일하는 데에 진지하며, 게다가 매우 섬세하다)

⑪ 如果可能的话, 我不想告诉你我的年龄。(만일 가능하다면 나는 당신에게 내 나이를 알려주고싶지 않다)

⑫ **假如**你明天来，我就不出去了。(만약 네가 내일 온다면 나는 나가지 않겠다)

- 접속사와 전치사의 구별법

예를 들어, '和, 跟, 与, 同'의 경우, 문중에 사용되었을 때 접속사인지 전치사인지 구별하기 힘들다.

　전치사: 我**跟你**一起去。(나와 너는 함께 간다)

　　　　주어는 '我', '跟你'는 부사어로서 술어 '去'를 수식. '我'를 생략해도 문장 성립

　접속사: **技术跟生产**是分不开的。(기술과 생산은 분리할 수 없는 것이다)

　　　　주어는 '技术跟生产' 전체이므로, '技术'를 생략하면 문장이 불성립

- 표시하는 논리적 의미에 따라 '병렬, 선택, 점증, 순접, 역접, 인과, 조건, 가정, 양보, 목적' 등 몇 가지로 나눌 수 있다.

의 미	접 속 사
병렬	和 跟 同 与 并且 并且 及 以及
선택	还是 或 或者
점증	不仅 不但 而且 越~越~
순접	而 而且 并 并且 则 所以 因此 因而 从而 于是 然后 接着
역접	而 可是 但 但是 不过 然而 虽然
인과	而 因为 由于
조건	只有 只要 既然 不管 无论
가정	如果 要是 假如 否则 要不 要不然
양보	即使 宁可
목적	以便 省得 以免 以防

(5) 감탄사[叹词]

- 감탄사는 '놀람, 감탄, 의문, 의아함, 아쉬움, 고통, 슬픔, 탄식, 불만, 부름, 응답' 등을 표시하는 허사이다. 일반적으로 독립 사용하며, 다른 말들과 결합하지 않는다. 전후에 휴지(休止)를 갖는다.

　哎(어! 야!), 嗯(응, 그래), 咦(어!), 喂(어이, 야, 이봐, 여보세요), 哎呀(아이고! 저런! 아차! 와! 야!), 哎哟(에이고! 어머나!), 哼(흥), 吓(흥, 허, 쯔쯔), 嗨(어! 어이! 자! 이봐!), 嘿(어이, 이봐)

- 감탄사는 말하는 상황에 따라 어기가 달라짐

  爸爸, 我也去, 啊?(요청)　　　　啊?有这样的事?(놀람)　　　　啊, 多美啊!(찬탄)

  ① 啊, 真好吃!(아, 정말 맛있다!)

  ② 唉, 真糟糕。(아, 야단났다)

  ③ 哎呀, 我的命怎么这么不好呀。(아이고, 내 팔자는 어찌 이 모양일까!)

  ④ 哎哟, 我的肚子啊。(아이고, 배야!)

  ⑤ 喂, 问一下路。(여보세요, 길 좀 물읍시다)

  ⑥ 嗯, 知道了。(오냐, 알았다)

  ⑦ 吓, 你这不是有意捣乱嘛?(흥, 너 일부러 소란 피우는 거 아냐?)

	감 탄 사
놀람, 감탄, 의문, 의아함	啊, 噢, 咦
슬픔, 탄식	唉
놀람, 불만	哎呀, 啊呀, 哼, 吓
놀람, 아쉬움, 고통	哎哟
전화통화시나 남을 부를 때	喂, 嗨
승낙	嗯
경멸, 질	呸

(6) 의성사[象声词]

- 의성사는 사람, 사물, 자연계의 소리를 흉내내는 말이며, 독립적으로 사용이 가능하다.
- 의성사는 앞에 입구(口)자가 붙은 글자가 많다.

  咕咚(쿵, 쾅, 꽝), 嘎噔(쿵, 꽈당, 쿵덩, 덜컹), 叮当(댕그랑, 땡그랑), 哗哗(콸콸, 주르륵),
  哗啦(주룩주룩), 哈哈(하하), 咚咚(탕탕), 哇哇(응애: 갓난아기 울음소리)

  ① 咕咚一声落入水中。(물에 철버덩 떨어지다)

  ② 这个手表嘎噔嘎噔响。(이 시계는 째깍째깍 울린다)

  ③ 铃声响叮当。(방울 소리가 절렁절렁 울린다)

④ 雨**哗哗**地下。(비가 줄줄 내린다)

⑤ 天突然**哗啦哗啦**地下起雨来。(하늘에서 갑자기 주룩주룩 비가 내리기 시작했다)

⑥ **哇哇**大声喊叫。(와, 함성을 지르다)

03 특수한 품사

(1) 겸류사[兼类词]

• 중국어 단어의 품사 귀속문제에 있어서 어떤 하나의 품사는 두 개 혹은 두 개 이상의 문법기능을 갖고 있는 경우가 있는데, 이를 겸류사라 분류한다.
  - 代表 : 명사→ **代表们, 三位代表**

        동사→ **代表着广大人民的利益**
  - 丰富 方便 繁荣 : 형용사→ **很丰富, 很方便, 繁荣**的时代(부사 '很' 수식 후 목적어 동반 불가)

                동사→ **丰富**生活, **方便**群众, **繁荣**市场(목적어 동반, 부사 '很' 수식 불가)
  - 锁 : 명사→ **锁和钥匙, 一把锁**

        동사→ **锁**门, **别锁**

• 겸류사와 동음사(同音詞)의 구별
겸류사는 두 가지 이상의 품사를 겸하는 것이고, 동음사는 단지 같은 음을 가진 단어일 뿐이다.

兼类词: 의미가 서로 비슷함

锁和钥匙(명사: 자물쇠와 열쇠)

锁门(동사: 문을 잠그다)

同音词: 의미가 서로 동떨어짐

白吃(부사: 헛되이 먹다)   光头(형용사: 삭발머리, 대머리)

白纸(형용사: 흰 종이)   **光说不做**(부사: 말만 할뿐 일하지 않는다)

(2) 이합사[离合词]

- 이합사는 이음절로 이루어진 동사로서 전후 두 개의 글자가 '술어+목적어'의 관계로 구성된 단어이다. 술어와 목적어 간의 관계가 비교적 느슨하므로, 이 때 전후 두 성분 사이에는 의문사, 수량사, 동태조사, 결과보어 등이 개입할 수 있다.

- 结婚, 离婚, 失业, 生气, 报仇, 请客, 担心, 安心, 毕业…… 등이 있다.

  结婚(결혼하다)

  ① 他们刚结婚了。(그들은 방금 결혼했다)

  ② 他结婚了吗？结什么婚呢？(저 사람 결혼했나요? 결혼은 무슨 결혼을 해요!)

  ③ 那个女明星结过三次婚。(저 여배우는 세 번 결혼했다)

  ④ 东建和素英刚结完婚。(동건과 소영은 방금 결혼을 마쳤다)

  ⑤ 他们俩没准备完，这个月还结不了婚。(그들은 준비가 안 되어서, 이번 달에 아직 결혼할 수가 없다.)

제3장

문장성분과 기본문형

제3장
문장성분과 기본문형

01 어순, 기본문형, 일반문형

(1) '문장성분'이란 하나의 문장 속에서 단어나 어구가 어떠한 문법적 역할을 하는가에 따른 구분이다. '주어, 술어, 목적어, 보어, 관형어, 부사어' 등이 있다.

(2) '품사'는 공통된 성질을 가진 단어끼리 모아 놓은 단어의 갈래로서, '명사, 대명사, 수사, 동사, 형용사, 부사, 조사, 전치사, 접속사, 감탄사, 의성사 등이 있다.

(3) '품사'는 형태론(形態論)의 차원이며, '문장성분'은 통사론(統辭論)의 차원에서 다루어진다. 따라서 '품사'와 '문장성분'은 서로 다른 층위의 개념이므로 혼동하여 말하면 안 된다.

(4) 중국어에서 문장을 구성하는 성분은 크게 7 가지가 있으며, 문장 내에서 서로 문법적 관계를 형성하여 하나의 문장을 이룬다.
① 주어(主语) ② 술어(谓语[13]) ③ 목적어(宾语[14]) ④ 보어(补语[15]) ⑤ 관형어(定语[16])
⑥ 부사어(状语[17]) ⑦ 중심어(中心语[18])

- 주요성분---주어(主语), 술어(谓语), 목적어(宾语), 보어(补语)
- 부가성분---수식어(부사어--状语, 관형어--定语), 중심어(中心语, 被修饰语)
- 기타성분---독립어(감탄어, 의성어, 의태어)

(5) 각 문장성분 간의 결합형태 및 관계

‘主-谓’(주술관계)

‘述-宾’(술목관계)

‘述-补’(술보관계)

‘偏正’: ‘定-中’ & ‘状-中’(수식관계)

‘竝列(联合)’(병렬관계)

성분구조	主述	述宾	述补	偏正 (定中, 状中)	并列(联合)
성분관계	陈述	支配	补充	修饰	并列

(6) 중국어 문장성분의 기본 배열 순서

중국어 문장은 ‘어순(語順)’이 가장 중요한 문법적 기능을 담당한다. 중국어 어순은 ‘S+V+(O)’[19]이다.

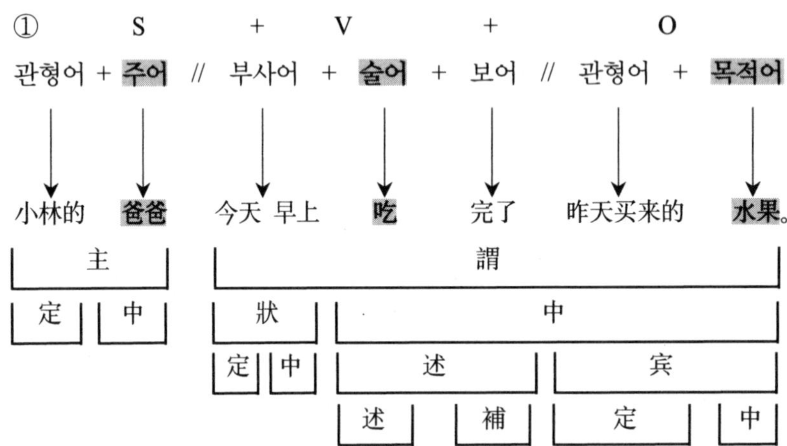

(임군의 아버지는 오늘 아침 어제 사 온 과일을 모두 드셨다)

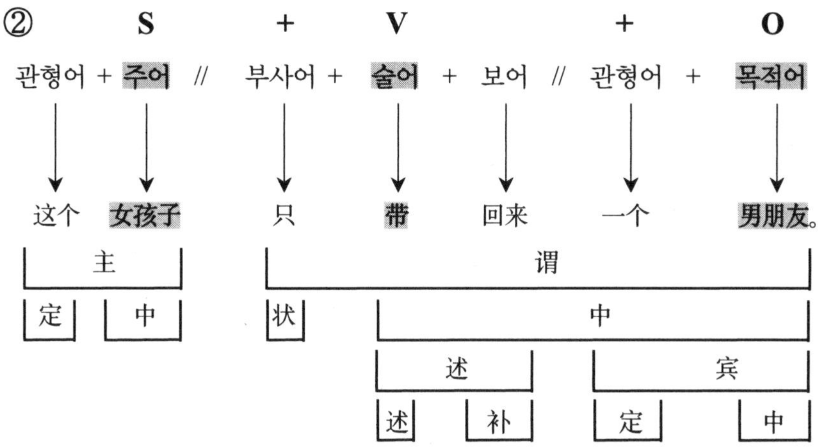

(이 여자아이는 단지 한 명의 남자친구를 데리고 돌아왔다)

02 주어[主语]와 술어[述语] [主谓词组]

(1) 주어[主语]

1) 중국어에서 주어는 동작행위나 상태의 주체이지만, 동작행위를 받는 객체[受事主语[20]]가 되기도 한다. 의미상 목적어처럼 해석되는 경우에도 주어의 위치에 있으면 주어로 간주한다. 중국어문법에서는 의미보다 문법적 위치를 문장성분 판단의 기본 준거로 삼는다.

主语+谓语=主谓关系 : 주어와 술어 간의 진술, 피진술의 관계
주어(누가, 무엇이)는 피진술의 대상 → 화제
술어는 진술 대상에 대한 진술(무엇인가, 어떠한가) → 진술

昨天来的客人 / 走了。 (어제 오신 손님이 가셨다)

• 주체: 주어는 의미상 대부분 술어 동작의 행위주체자이다. 주어는 문장의 화제(話題)가 되므로 주로 사람이나 사물이 주어가 된다.

① **爸爸**修好了自行车。 (아버지가 자전거를 다 고치셨다)

② 我做完了作业。 (나는 숙제를 모두 마쳤다)

- 객체: 주어는 때로 술어 동작의 목적대상(受事주어)이 되기도 한다. 주어는 의미상 목적어처럼 해석한다.

    ① 自行车修好了。 (자전거를 고쳤다)

    ② 作业做完了。 (숙제를 다 했다)

- 시간: 시간명사가 주어로 충당되기도 한다.

    ① 今天不去了。 (오늘은 안 간다)

    ② 明年我们结婚。 (내년에 우리는 결혼한다)

- 장소: 장소명사도 주어로 쓰인다.

    ① 屋里没有人。 (방 안에 아무도 없다)

    ② 教室里孩子们乱成一团。 (교실 안에는 아이들이 득시글거린다)

2) 주어는 화제(話題)임과 동시에 진술의 대상이다. 품사로는 명사, 대사, 명사성어구, 수량사가 주로 주어가 된다.

    ① 客人来了。 (손님이 오셨다)

    ② 我们学汉语。 (우리는 중국어를 배운다)

    ③ 她的皮肤很白。 (그녀의 피부는 매우 희다)

    ④ 红花开了。 (붉은 꽃이 피었다)

    ⑤ 一本书三块钱。 (책 한 권에 3위안이다)

    ⑥ 三等于一加二。 (3은 1더하기 2이다)

3) 동사, 형용사 혹은 동사성·형용사성 어구 등 용언(用言)들도 어떠한 형태의 변화 없이 주어나 목적어로 쓰일 수 있다.

    ① 说比做容易。 (말하는 것은 하는 것보다 쉽다)

② **高**比矮好。 (높은 것이 낮은 것보다 좋다)

③ **骄傲**使人落后。 (교만은 사람을 퇴보시킨다)

④ **吃三碗**不容易。 (세 그릇 먹기는 쉽지 않다)

⑤ **太随便**也不好。 (너무 마음대로 하는 것도 좋지는 않다)

⑥ **艰苦**可以锻炼人。 (고통은 사람을 단련시킨다)

⑦ **骑自行车**要注意安全。 (자전거 타는 것은 안전에 주의해야 한다)

⑧ **打**不是办法，**骂**不解决问题。 (때리는 것은 방법이 아니며, 욕하는 것은 문제를 해결할 수 없다)

⑨ **盖房子**不是一件容易的事情。 (집을 짓는 것은 쉬운 일이 아니다)

4) 주어는 종종 생략되기도 하며, '주어+술어'의 어순(語順)은 의미의 강조를 위해서 때로는 도치(倒置)도 가능하다.

① **(你)**吃饭了吗？(당신) 식사 하셨나요?
　 (我)吃饭了。(저는) 밥 먹었습니다.

② 怎么了，**你**？(어떻게 된거야? 너.)
　 走了，**她**！(갔어요! 그녀는.)

(2) 술어[谓语]

1) 술어[谓语]는 주로 주어의 동작행위, 성질·상태, 모종의 심리활동을 묘사할 수 있다.

① 我**走**！(나 간다!)

② 我**爱**祖国。(나는 조국을 사랑한다)

③ 你**看看**，我**听听**。(좀 보세요. 저는 좀 들어 보겠습니다)

④ 今天**没吃**早饭。(오늘은 아침밥을 안 먹었다)

⑤ 我**研究过**这个问题。(나는 이 문제를 연구했었다)

⑥ 小李**爱吃**猪肉。(샤오리는 돼지고기 먹기를 좋아한다)

⑦ 英淑**买了**一本新书。(잉수는 새 책 한 권을 샀다)

2) 술어는 동사, 형용사 및 동사성·형용사성 어구, 주술[主谓]어구 등으로 이루어질 수 있다.

    a) 동사성 술어:

      ① 会议**结束**。(회의는 끝났다)

      ② 这个会**开得很好**。(이 회의는 성공적이었다)

      ③ 她特别喜欢**吃烤牛肉**。(그녀는 불고기를 특히 좋아한다)

    b) 형용사성 술어:

      ① 精力**充沛**。(정력이 충만하다)

      ② 哥哥比弟弟**高半头**。(형은 동생에 비해 머리 반만큼 더 크다)

    c) 명사성 술어

      ① 英子**乡下人**(시골사람)。(영자는 시골사람이다)

      ② 今天**星期一**。(오늘은 월요일이다)

      ③ 香玉**大大的眼睛**。(샹위는 큰 눈을 가지고 있다)

    d) 주술술어구[主谓谓语句]:

      ① 他**身体健康**。(그는 몸이 건강하다)

      ② 今天**天气很热**。(오늘은 날씨가 매우 덥다)

3) 주어와 술어의 관계

• 중국어의 주어와 술어는 진술과 피진술의 관계이므로 인간의 논리 전개의 순서에 따라 주어가 앞에 술어는 뒤에 위치하는 것이 원칙이다.

    橘子红了。(귤이 붉어졌다)   她走了。(그녀는 떠나갔다)   你怎么了？(너 왜 그러니?)

• 주어와 술어의 순서가 바뀔 수도 있지만 의미는 같다. 강조하기 위해 종종 술어가 주어 앞에 오기도 한다.

橘子红了。 = 红了，橘子！(귤이 붉어졌다)

你怎么了？ = 怎么了，你？(너 왜 그래?)

你们出来吧！ = 出来吧，你们！(너희들 좀 나와라!)

- 주어와 술어의 관계는 비교적 복잡하여 아래 6가지 경우로 나뉜다.

  ① 施事主语(동작을 행하는 주체) : **妈妈缝好了衣服。** (엄마는 옷을 다 꿰맸다)

  　　　　　　　　　　　　　　　我做完了作业。 (나는 숙제를 다 했다)

  ② 受事主语(행위를 받는 주체) : **衣服缝好了。** (옷이 다 꿰매졌다)

  　　　　　　　　　　　　　　　作业做完了。 (숙제 다 했다)

  ③ 与事主语(일에 관한 것) : 施事도 아니고 受事도 아니며, 술어와 밀접한 관련을 맺는 주어

  　　　　　　　　　　　　这个学生我教过他汉语。 (이 학생은 내가 중국어를 가르친 적
  　　　　　　　　　　　　이 있다)

  　　　　　　　　　　　　这件事你不能怪我。 (이 일을 당신은 내 탓으로 돌릴 수 없다)

  ④ 工具主语(도구표시 주어) : **这支笔只能写小字。** (이 붓으로는 단지 작은 글자만 쓸 수
  　　　　　　　　　　　　　　있다)

  ⑤ 时间主语(시간표시 주어) : **明天他们上北京。** (내일 그들은 베이징에 간다)

  ⑥ 处所主语(장소표시 주어) : **墙上挂着一幅画。** (벽에 한 폭의 그림이 걸려 있다)

4) 주술구조와 무주(無主)구문

- 주술구조 이외의 단어나 어구로 독립 구성된 문장은 '무주(無主)구문'이라 한다. 무주구문은 단지 술어만 있을 뿐, 주어가 출현하지 않는 문장이다.

  ① 车！(차!)　　　　　　　加油！(화이팅)

  ② 禁止吸烟。(금연)　　　　多美的云彩啊！(얼마나 예쁜 구름인지!)

- 주어를 말할 수 없거나 말할 필요가 없는 구문으로서 일반적으로 주어를 삽입하지 않는다.

  ① 刮风了。(바람이 분다)　　　庆祝国庆。(경축 건국기념일)

  ② 散会了。(산회했다)　　　　爱护花木。(꽃과 나무를 사랑하고 보호하자)

03 술어[述语]와 목적어[宾语] [述宾词组]

1) 술어[述语]와 목적어[宾语]는 지배(支配) 혹은 제약(制約)의 관계로 이루어져 술빈관계 [述宾关系]를 형성한다.

 ① 我**喜欢**<u>春天</u>。 (나는 봄을 좋아한다)

 ② 他**爱上**<u>一个女人</u>。 (그는 한 여인을 사랑하게 되었다)

 ③ 他**成了**<u>一个学者</u>。 (그는 학자가 되었다)

 ④ 她正在**看**<u>电视</u>。 (그녀는 TV를 보고있다)

2) 목적어는 동사나 동사성 어구 뒤에서 술어 동사의 지배나 제약을 받는 대상이다. 명사 성 뿐만 아니라 동사성 어구, 형용사 등도 술어 자리에 위치할 수 있다.

 ① 你们每天要**学习汉语**。 (그들은 매일 중국어를 공부해야만 한다) -- 명사

 ② 我吃了**两碗炸酱面**。 (나는 자장면 두 그릇을 먹었다) -- 명사성 어구

 ③ 我**希望去**。 (나는 가기를 바란다) -- 동사

 ④ 我**觉得很好**。 (나는 매우 좋다고 생각한다) -- 형용사성 어구

 ⑤ 他**喜欢骑马**。 (그는 말타기를 좋아한다) -- 동사성 어구

 ⑥ 她**打算今年生孩子**。 (그녀는 올해 아이를 낳을 계획이다) -- 동사성 어구

 ⑦ 我**知道她晚上不回来**。 (나는 그녀가 저녁에 돌아오지 않을 것을 알고있다) -- 동사성 어구

3) '주어+술어' 관계처럼 '술어+목적어' 관계도 의미에 따라 6가지로 나눌 수 있다.

 ① 施事宾语(행위의 주체) : **下雨了**。 (비가 내린다) 雨下了。 (x)

         来**客人**了。 (손님이 오셨다)

         门口站着一个人。 (입구에 한 사람이 서 있다)

 ② 受事宾语(행위의 대상) : **读书**。 (책을 읽다) **洗衣服**。 (옷을 빨다)

         他正在**喝酒**。 (그는 술을 마시고 있다)

我写了一封信。(나는 편지 한 통을 썼다)

③ 与事宾语(술어와의 긴밀한 관계) : 你姓金。(당신은 성이 김이다)

　　　　　　　　　　　　　你把我看作什么人？(당신은 나를 어떤 사람으로 보는가?)

④ 工具宾语(도구, 수단) : 写毛笔。(붓으로 쓰다)

　　　　　　　　　　吃大碗。(큰 그릇으로 먹다)

⑤ 处所宾语(장소) : 他来上海，我去北京。(그는 상하이로 오고, 나는 베이징으로 간다)

⑥ 数量宾语(수량) : 我读了两本书。(나는 두 권의 책을 읽었다)

　　　　　　　　　他买了三斤。(나는 세 근을 샀다)

　　　　　　　　　我走了三天。(나는 3일을 걸었다)

04 술어[述语]와 보어[补语] [述补词组]

(1) 술보구조[述补词组] 개요

- '술보구조(述補構造)'는 술어(述語)와 보어(補語)가 결합된 문법구조를 말한다. 이는 중국어 고유의 문법구조로서 전 세계 기타 주요 언어들에는 없는 매우 독특한 언어현상이라 말할 수 있다. 따라서 중국어를 가르치고 배우는 데 있어 가장 어려운 문법구조로 인식되고 있다.

- 술보구조는 가장 경제적인 언어수단으로서 어떤 한 가지 행위의 원인과 결과를 동시에 표현할 수 있는 특징과 장점을 가지고 있다. 중국어의 여러 문법범주 내에서 사용빈도가 매우 높으며, 문법적 의미도 본래 매우 복잡하다.

- 술보구조는 본래 위진남북조(魏晋南北朝)시대에 탄생되어 이후 줄곧 사용되었으며, 이전 시기의 '연동(連動)구조', 즉 서로 동등한 관계의 동사 두 개를 나란히 연결하여 쓰던 구조에서 시작되었다. 연동구조에서 V1과 V2는 문법구조상, 의미상 서로 동등한 관계를 형성한다.

V1 + V2 (連動) ⇒ V1 + V2 (述補) ⇒ V1 + 助 (동사+동태조사)

V1은 동작·행위에 대한 서술이고, V2는 V1 동작 발생 이후의 결과를 보충·설명해준다. 이로써 연동구조에서의 동등한 관계가 술보구조에 이르러 깨어지게 된다. 이후에 또한 V2는 동태조사(了, 着, 过)로 의미가 약해지는 변화과정을 겪게 된다.

- 한국어, 일본어, 영어 문법의 보어와 중국어의 보어는 개념 자체가 다르므로 혼동하면 안 된다.

  한국어: 나는 **학생**이다.

  일본어: わたしは **学生**てす.

  영어: I am a **student**.

  중국어: 我**听懂**了。

한국어, 일본어, 영어에서의 보어는 주어와 술어 사이의 불완전한 부분을 보충해주는 말이며, 주어에 대한 설명이 된다. 중국어의 보어는 이와 달리 동사성성분에 관한 내용이며, 동작 행위 발생과 관련한 결과, 방향, 가능, 정도, 상태 등을 보충 설명해주는 성분을 말한다.

1) 기본 형식과 의미

(A) 기본 형식

'**V1**(타동사: 서술, 묘사) + **V2**(자동사: 보충설명)' -- '打死', '救活'

'**V**(타동사: 서술, 묘사) + **A**(형용사: 보충설명)' -- '修好', '弄坏'

- 5가지 술보구조

  가장 먼저 생겨난 것은 결과보어이며, 기타 구조들은 모두 이로부터 파생되어 나온 보어 식들이다.

  ① 결과보어[结果补语]

  ② 방향보어[趋向补语]

  ③ 가능보어[可能补语]

  ④ 정도보어[程度补语]

  ⑤ 상태보어[状态补语]

  ⑥ 명사성 보어[名词性补语]

- 형식상 조합식 술보구조와 비조합식 술보구조로 나눌 수 있다.

  비조합식 술보구조 : V + V(A)　　　조합식 술보구조 : V 得 C(보어)

  1) 비조합식(非組合式) 술보구조는 다시 '결과보어, 방향보어, 得 없는 정도보어'로 구분
     할 수 있다.

  2) 조합식(組合式) 술보구조는 '가능보어, 정도보어, 상태보어'로 구분할 수 있다.

- 중국어 어법사(語法史)의 관점에서 볼 때, 다양하고 풍부한 補語의 사용은 중국어에 있어
  보다 정확하고 세밀한 표현이 가능하게 된 중요한 계기가 되었다.

- 중국어는 술보구조가 탄생하게 됨으로 인하여 언어교류에 있어 形式的으로나 意味的으
  로 보다 다양하고 복잡한 표현들이 가능하게 되었다.

- 현대중국어에 있어 '改善(개선하다)', '增强(증강시키다)', '扩大(확대하다)', '革新(혁신
  하다)', '改進(개진하다)', '增進(증진하다)' 등의 예는 모두 술보구조로서 '원인'과 '결
  과'를 하나의 어구 속에 동시에 구현하는 다양한 표현들이다.

(B) 의미

- 술어와 보어는 두 성분 사이의 관계가 매우 긴밀해서 마치 하나인 것처럼 사용되며, 의
  미는 대단히 함축적이어서 여러 가지 복잡한 상황을 단순한 어구로 표현해낼 수 있는
  장점이 있다. 기본적으로 동사성 성질을 유지하고 있다.

① **看**了(봤다: 그냥 본 것)	**看见**了(보아서 인식했다: 결과 표현)
② **听**了(들었다)	**听懂**了(듣고 이해했다: 결과 표현)
③ **学**了(배웠다)	**学会**了(배워서 마스터 했다: 결과 표현)
④ **打**了(때렸다)	**打破**了(때려서 깨졌다: 결과 표현)
V	V1+V2

- 모종의 행위와 그로 인해 발생된 결과를 하나의 동사성 어구로 표현한다. 또한 이러한
  행위는 행위를 받는 자(목적어)로 하여금 어떠한 결과를 획득하게끔 한다. 왜냐하면, 뒷
  성분이 앞 성분의 結果를 나타내며 이를 補充, 說明해 주기 때문이다.

- 한 가지 행위에 대한 원인과 결과의 경우, 중국 이외의 다른 나라는 보통 '하나의 문장
  (원인) + 또 하나의 문장(결과)', 즉 두 개의 문장이나 구가 필요하다. 그러나 중국어는
  하나의 'VP(동사구)'에 원인과 결과가 모두 들어있어 매우 함축적인 표현이 가능하다.

走累了。 (많이 걸어서 피곤하다)

走(V: 원인, 동작의 설명) + 累(A: 원인으로 인한 결과) 了。

- 술보구조가 목적어를 수반하면 동작의 결과를 나타냄과 동시에 그 결과를 발생시키는데 사용된 동작의 방식까지도 표현하게 된다.

의미 : V1은 동작·행위·상태에 대한 서술, 묘사

      V2는 V1에 대한 보충, 설명

① 大家都吃饱了。 (모두 배불리 먹었다)

② 衣服洗干净了。 (옷을 깨끗이 세탁했다)

③ 我打死你！ (죽여버릴 테다!)

④ 我做完了。 (다 끝냈어요)

⑤ 好极了。 (끝내준다!)

⑥ 热死了！ (더워죽겠어!)

2) 구조적 함축성

- 술보구조는 기타 문법범주, 즉 주술[主谓], 술빈[述宾], 수식[偏正], 병렬[并列] 등과 구조 상 확연히 구분되는데, 이는 문법구조 자체가 대단히 함축적이기 때문이다.

我走累(술보)了　⇒　我走(주술)　+　我累(주술)

(나는 걸어서 피곤하다)　　　(나는 걷는다)　　　(나는 피곤하다)

⇒ (이 문장 안에는 '많이 걸어서 피곤하다'는 의미가 내포되어 있음)

- 술보구조는 가장 경제적인 언어수단으로 어떤 한 가지 행위의 원인과 결과를 동시에 표현하는 매우 독특한 문법적 성질을 가지고 있다.

衣服洗干净了　⇒　衣服洗(주술)　+　衣服干净(주술)

(옷을 깨끗이 빨았다)　　　(옷을 빨다)　　　(옷이 깨끗하다)

(2) 술보구조[述补词组]의 종류

1) 결과보어식[结果补语式]

- 결과보어식은 동작, 행위로 인해 만들어진 '결과'를 표시하며, 보어로는 동사, 형용사가 사용된다.
- 술어와 결과보어의 관계는 대단히 긴밀하여 마치 하나의 동사처럼 사용된다.
- 결과보어식 뒤에는 '了', '过' 등의 동태조사를 붙일 수 있으며, 목적어도 올 수 있다.

① 동사 : 看见(보았다) / 听懂(듣고 이해하다) / 学会(마스터하다) / 打破(쳐서 깨뜨리다)
　　　　打死(쳐서 죽이다) / 推倒(밀어서 넘어뜨리다) / 抓住(잡아서 멈추게 하다)

　　　　결과보어로 자주 쓰이는 동사 : 完, 死, 掉, 走, 跑, 动, 倒, 死, 成, 完, 通……

② 형용사 : 长大(자라서 크다) / 变小(변해서 작아지다) / 染红(염색해서 붉어지다)
　　　　洗干净(빨아서 깨끗해지다) / 说清楚(분명하게 말하다)
　　　　削尖(깎아서 날카롭게 하다)

　　　　결과보어로 자주 쓰이는 형용사 : 好, 紧, 碎, 干, 远, 长, 熟, 清楚, 整齐……

① 小金**吃完**了。(샤오진은 다 먹었다)

② 他**喝醉**了。(그는 술 마셔서 취했다)

③ 我**打破**了一个杯子。(나는 컵 한 개를 깨뜨렸다)

④ 把西瓜**切好**了。(수박을 다 썰었다)

⑤ 饭店还没**定好**了。(호텔을 아직 정하지 못했다)

⑥ 我想**换成**那个。(저는 저걸로 바꾸고 싶습니다)

⑦ 看样子他没有**睡够**。(보아하니 그는 잠을 충분히 자지 못 한 것 같다)

⑧ 他被电**打死**了。(그는 전기에 감전되어 죽었다)

⑨ 多长时间能**做好**?(얼마나 걸려야 완성될 수 있나요?)

⑩ 她很小就**学会**了游泳。(그녀는 어릴 때 이미 수영을 마스터했다)

⑪ 从我们敌人那里也可以**学到**东西。(적에게서조차도 배울 것이 있다)

⑫ 一泻千里地**写完**了报道。(일사천리로 기사를 다 써냈다)

⑬ 灯光太暗，没**看清楚**他的头脸。(불빛이 너무 어두워 그의 얼굴을 정확히 보지 못하였다)

⑭ 他**吃光**两碗面就出去了。(그는 국수 두 그릇을 다 먹고는 밖으로 나갔다)

⑮ 她**感到**一阵激动**传遍**全身。(그녀는 갑자기 엄청난 흥분이 온몸을 훑고 지나가는 것 같았다)

⑯ 真糟糕，我没**找着**什么我喜欢的。(유감스럽게도 저는 마음에 드는 걸 찾지 못했어요)

⑰ 他**看见**我假装没看见。(그는 날 보고도 못 본 체 했다)

⑱ 英淑**听见**我叫她，就**站住**了。(잉슈는 내가 부르는 것을 듣고서, 곧 멈춰섰다)

⑲ 把**写错**的地方**涂掉**重写。(잘못 쓴 부분을 지워 버리고 다시 썼다)

⑳ **打破**长时间的沉默提出了问题。(오랜 시간의 침묵을 깨고 문제를 제기했다)

㉑ 我不能把公寓**卖掉**，因此把它出租了。(나는 그 아파트를 팔 수가 없어서 세를 놓았다)

2) 방향보어식[趋向补语式]

- 방향보어식은 술어가 표시하는 동작의 방향을 표시한다. 기본 형식은 방향동사가 보어 자리에 위치하는 것이다. (V+去, V+来, V+出, V+进, V+上, V+下, V+出来, V+出去, V+上来, V+下来…)

- 방향보어식에서 보어 부분은 경성[轻声]으로 읽는 것이 원칙이다.

  ① 风轻轻地**吹来**。(바람이 가볍게 불어 온다)

  ② 孩子们**走出**了家门。(아이들이 밖으로 걸어 나갔다)

  ③ 她把东西**收回来**了。(그는 물건을 받아서 돌아왔다)

- 중국어 방향보어식은 한국어에서 동작의 방향을 표시하는 '본용언+보조용언' 형식과 거의 일대일 대응을 하므로 비교적 이해하기가 쉽다.

한국어: 나오다	나가다	들어오다	들어가다	올라오다	올라가다	내려오다	내려가다
⇕	⇕	⇕	⇕	⇕	⇕	⇕	⇕
중국어: 出来	出去	进来	进去	上来	上去	下来	下去

- 단순방향보어: 'V + 방향보어 1개'

  'V' + '上, 下, 来, 去, 进, 出, 起, 回, 过'--- 出去(나가다), 走进(들어가다)

  上来(올라오다)　　上去(올라가다)　　下来(내려오다)　　下去(내려가다)

  出来(나오다)　　出去(나가다)　　进去(들어가다)　　进来(들어오다)

  拿来(가져오다)　　送上(올려보내다)　　寄去(부쳐보내다)　　扔下(내버리다)

  복합방향보어: 'V + 방향보어가 2개'. '起, 进, 出, 回, 过' + 来 or 去

  'V' + '起, 进, 出, 上, 下, 回, 过' + '来, 去'--- 爬上去(산을 올라가다),

  跳出来(뛰쳐나오다)　　推上来(밀어 올라오다)　　走进来(걸어 들어오다)

  追出来(쫓아오다)　　拉过来(잡아당기다)　　放下来(내리다)

  冲进去(돌진해 들어가다다)　　赶出去(쫓아내다)　　游过来(헤엄쳐오다)

- 일부 방향보어는 동작의 방향과 함께 '결과'를 동시에 나타내기도 한다.

  ① 这件事他答应下来了。(이 일의 대답이 내려왔다)

  ② 他记起了那件往事。(그는 과거 그 일을 기억해냈다)

- 일부 방향보어식은 목적어가 올 때 세 가지 형식이 가능하다.

  拿出一本书来　/　拿出来一本书　/　拿一本书出来

  (한 권의 책을 들고 나오다)

3) 가능보어식[可能补语式]

- 가능보어식은 동작·행위가 어떤 결과나 상황을 도출해낼 수 있는지의 가능 여부를 보충설명한다.

  '~할 수 있다, ~할 수 없다'의 가능을 표현한다.

- 기본 형식: '술어 + 得/不 + 보어' ('~할 수 있다' or '~할 수 없다'): 조합식 술보구조

① 拿得动 / 拿不动 (들어 옮길 수 있다/없다)

② 听得懂 / 听不懂 (듣고 이해할 수 있다/없다)

③ 看得见 / 看不见 (볼 수 있다/없다)

④ 洗得干净 / 洗不干净(깨끗이 빨 수 있다/없다)

⑤ 学得会 / 学不会(배워서 마스터 할 수 있다/없다)

⑥ 看得懂 / 看不懂(보고 이해할 수 있다/없다)

⑦ 抓得住 / 抓不住(잡아서 멈추게 할 수 있다/없다)

⑧ 放得大 / 放不大(크게 확대할 수 있다/없다)

• 가능보어식에서 '得'를 빼면 결과보어식이 된다.

放得大(크게 확대할 수 있다) ⇒ 放大(크게 확대했다)

가능보어식   결과보어식

• 부정형은 '得'를 빼고 '不'를 넣으면 되며, 가능보어식 뒤에 '了'는 필요하지 않다.

这个东西**拿得动**。(이 물건은 들어서 움직일 수 있다)

这个桌子**拿不动**。(이 책상은 들어서 움직일 수 없다)

他说的汉语我**听得懂**。(그가 말하는 중국어를 나는 듣고 이해할 수 있다)

他说的汉语我**听不懂**。(그가 말하는 중국어를 나는 듣고 이해할 수 없다)

• 가능보어식과 정도보어식 모두 '술어 + 得 + 보어' 형식이어서 혼돈할 수 있으나 표현하는 의미가 다르므로 전후 문맥과 화용적(話用的) 상황으로 판단한다.

① **洗得干净** (可能补语 : <u>能洗干净</u>) (깨끗하게 세탁할 수 있다)

② **洗得干净** (程度补语 : <u>洗得干净, 不脏了</u>) (세탁한 정도가 매우 깨끗하다)

특히, 가능보어식과 정도보어식의 긍정형은 같으나 부정형은 다르므로 주의해야 한다.

① 洗得干净 ⇒ 洗不干净　　(可能补语)

② 洗得干净 ⇒ 洗得不干净 (程度补语)

- 가능보어식의 두 가지 특수구조

  '술어 + 得/不得'　：吃得 / 吃不得(먹을 수 있다/없다)

  　　　　　　　　　　做得 / 做不得(만들 수 있다/없다)

  '술어 + 得了/不了'：走得了 / 走不了(걸을 수 있다/없다)

  　　　　　　　　　　干得了 / 干不了(할 수 있다/없다)

4) 정도보어식[程度补语式]

- 정도보어식은 술어가 도달한 '정도'의 차이를 표시한다. 술어로는 형용사가 많이 쓰이며, 심리상태를 표시하는 동사도 쓰인다.

- 정도보어로는 '很, 极, 死, 坏, 透' 등이 많이 쓰이며, 술어가 도달한 정도가 매우 높음을 표시한다. 정도보어식에 결합되는 '了'는 강조의 어기조사로서 의미를 한층 강화시키는 역할을 한다.

  好极了(아주 좋다)　　　　坏透了(대단히 나쁘다)　　　　气坏了(몹시 화가 났다)

  香死了(너무나도 향기롭다)　　　饿死了(배고파 죽을 지경이다)

  '~死了'라고 해서 모두 정도보어가 되는 것은 아니다

  결과보어: 这朵花干死了。(이 꽃은 말라서 죽었다)

  정도보어: 嘴里干死了。(입 속이 말라서 죽을 것같다, 너무나 건조하다)

- 정도보어식은 형용사나 동사 술어가 표시하는 정도의 다양한 차이점을 표현해낼 수 있다. 간단한 수량사 어구도 정도보어가 될 수 있으나, 다만 정도가 가벼울 때만 사용한다.

  ① 他高兴极了。(그는 대단히 기뻤다)

  ② 他这个孩子坏透了。(그 녀석은 지긋지긋한 아이다)

  ③ 天气热死了。(날씨가 죽을 정도로 덥다)

④ 我饿死了。(배고파 죽을 지경이다)

⑤ 他的手轻一点。(그는 손놀림이 가볍다)

⑥ 他的技术差远了。(그는 기술이 대단히 모자란다)

⑦ 这件事真把人急死了。(이 일은 사람을 몹시 초조하게 한다)

- 정도보어는 술어와 보어 사이에 '得'가 들어 가기도 함. '술어+得+정도보어': <u>조합식 술보구조</u>
  부정형은 '得' 앞에 '不'를 추가한다.

① 这件衣服干净得很。(이 옷은 대단히 깨끗하다)

② 洗得不干净。(세탁한 정도가 깨끗하지 않다)

③ 我渴得要命。(목마른 정도가 죽을 지경이다)

④ 外边热得要死。(바깥이 너무 더워 죽을 것같다)

⑤ 好得很。(매우 좋다)

⑥ 累得慌。(피곤한 정도가 견디기 힘들다)

⑦ 疼得要命。(아픈 정도가 죽을 지경이다)

5) 상태보어식[状态补语式]

- 동작행위가 발생한 이후의 상태를 표현한다.

① 衣服洗得很干净。(옷을 매우 깨끗하게 세탁했다)

② 说得不很清楚。(말이 분명하지가 않다)

- 형태상 가능보어, 정도보어와 매우 유사하다. '술어+得+상태보어': <u>조합식 술보구조</u>
  '得' 후면에 단순한 정도부사가 들어가거나 혹은 복잡한 보어구조로 이루어진 점이 다르다.

- 동작행위 발생 이후의 상태를 표시한다는 점에서 의미상으로는 결과보어가 표시하는 내용과 유사하여 두 구조 사이의 구분이 명확하지 못하다. 따라서 일부 학자들은 상태보어

식을 별도로 분류하지 않기도 한다.

① 跑<u>得</u>太累了。 (오래 뛰어서 너무나 피곤하다)

② 字写<u>得</u>太不好。 (글씨를 너무 못 썼다)

③ 跑<u>得</u>喘不过气来。 (너무 달려서 숨도 못 쉴 지경이다)

④ 吵<u>得</u>谁的话都听不见。 (시끄러워서 누구의 말도 들리지 않았다)

⑤ 你写<u>得</u>比他好一些。 (네가 쓴 글씨는 그가 쓴 것 보다 조금 좋다)

⑥ 高兴<u>得</u>不得了。 (너무나도 기쁘다)

⑦ 喜欢<u>得</u>了不得。 (너무나도 좋아한다)

6) 명사성보어식[名词性补语式]

A) 전치사구조 형식의 술보구조

- 시간이나 장소를 표시하는 보어식으로서 대부분 전치사구조(전치사+목적어)로 이루어져 술어 동작 발생의 시간, 장소 등을 표현한다. 전치사는 '到, 在, 于, 自, 向' 등이 많이 사용된다.

① 走**到**天安门。 (천안문까지 걸었다)

② 坐**到**北京。 (베이징까지 앉아서 갔다)

③ 等**到**下午五点。 (오후 5시까지 기다렸다)

④ 坐**在**门口。 (문 앞에 앉다)

⑤ 躺**在**床上。 (침대에 눕다)

⑥ 搁**在**桌子上。 (책상위에 놓다)

⑦ 写**于**北大燕园。 (베이징대 옌위엔에서 쓰다)

⑧ 写**在**黑板上。 (칠판에 쓰다)

⑨ 生**于**1928年。 (1928년에 태어나다)

⑩ 出**于**某种好奇心。 (모종의 호기심에서 나오다)

⑪ 来**自**四川。 (쓰촨 출신이다)

⑫ 走向光明的未来。(밝은 미래를 향해 나아가다)

⑬ 奔向21世纪。(21세기로 내닫다)

⑭ 那件事发生在1988年。(그 사건은 1988년에 발생했다)

⑮ 他生于1958年，属狗。(그는 58년 개띠입니다)

⑯ 我把作业放在老师办公桌上了。(나는 숙제를 선생님 책상 위에 놓았습니다)

B) 수량사 형식의 술보구조

• 수량보어식은 시량(時量)보어식과 동량(動量)보어식 두 가지가 있다. 각각 시간의 양이나 동작의 횟수를 표현한다. 时量, 动量어구를 술어 뒤에 위치시킨다.

① 摁了三下。(세 번 누르다)

② 看两次。(두 번 보다)

③ 走三趟。(세 번 가다)

④ 送三回。(세 차례 보내다)

⑤ 想一会儿。(한 번 생각하다)

⑥ 等一下。(잠시 기다리다)

⑦ 坐一会儿。(잠시 앉다)

⑧ 他在家等了三天。(그는 집에서 3일 동안 기다렸다) -- 시간의 양

⑨ 我去过北京三次。(나는 베이징에 세 번 가본 적이 있다) -- 동작의 횟수

• 명사성보어는 전형적인 술보구조식의 보어와는 차이가 있다. 따라서 일부 문법학자들은 时量보어, 动量보어를 준목적어[准宾语]로 분류하기도 한다.

(3) 술보구조 의미 지향의 다양성

• 보어는 구조적으로 볼 때, 술어를 보충하는 역할과 기능을 한다. 그러나 意味 指向은 반드시 술어만을 향하지는 않는다. 의미 지향점이 다양하여 주어, 술어, 목적어 등으로 다양하게 향할 수 있다.

1) 의미 지향점이 술어동사 자체인 경우 (문장의 술어동사)

走**快**了。(빠르게 걸었다)--'快'의 의미가 지향하는 바는 '走' 자체이다.

来**早**了。(일찍 왔다)--'무'의 의미가 지향하는 바는 '来' 자체이다.

2) 의미 지향점이 술어 동사 동작 행위의 주체인 경우 (문장의 주어)

走**累**了。(걸어서 피곤하다)--'累'의 의미가 지향하는 바는 피곤한 주체 자체이다.

吃**饱**了。(먹어서 배부르다)--'饱'의 의미가 지향하는 바는 배부른 주체 자체이다.

3) 의미지향이 술어동사 동작의 대상인 경우 (문장의 목적어)

(衣服)洗**干净**了。(옷을 깨끗이 빨았다)

书记**来**了。(책을 부쳐 왔다)

4) 의미지향이 술어동사의 도구, 수단인 경우

那把刀砍**钝**了。(그 칼로 내리찍어서 칼이 무뎌졌다)

鞋踢**破**了。(공을 많이 차서 신발이 찢어졌다)

5) 의미지향이 장소인 경우

仓库堆得**满满当当**的。(창고에 쌓인 정도가 가득차다)

6) 의미지향이 술어동사의 목적인 경우

买卖跑得**不成功**。(생계를 위해서 열심히 뛰었는데 성공하지 못했다)

7) 의미지향이 두 가지인 경우

他忙得**饭都忘了吃**。(그는 바빠서 밥 먹는것조차 잊어버렸다)

- 바빠서 밥조차도 못 먹는 '그' (주어에 초점)

- 바쁜 것이 밥조차도 잊어버릴 정도 (술어에 초점)

- 보어 '饭都忘了吃'의 의미지향은 '他'와 '忙' 모두 가능

(4) 술보구조의 분별

1) 동일구조의 분별

- 'V+得+C'가 가능보어식일 경우 부정형은 'V+不+C', 상태보어식일 경우 부정형은 'V+得+不+C'이다.

긍정식　부정식　　　　　　　　　　긍정식　부정식

① **写得好—写不好**: (가능보어식)　　　**写得好—写得不好**: (상태보어식)

　(잘 쓸 수 없다)　　　　　　　　　 (잘 못 썼다)

② **洗得干净—洗不干净**: (가능보어식)　**洗得干净—洗得不干净**: (상태보어식)

　(깨끗이 빨 수 없다)　　　　　　　 (깨끗이 안 빨아졌다)

2) 기타 구조와의 분별

A) '상태보어식'과 '부사어+중심어'구조의 구별

① 走**慢点儿**。(조금 천천히 갔다) -- 상태보어식
慢点儿走。(조금 천천히 가다) -- '부사어+중심어'구조

② 干得**快点儿**。(좀 빨리 했다) -- 상태보어식
快点儿干。(좀 빨리 하다) -- '부사어+중심어'구조

③ 起得**早点儿**。(일찍 일어났다) -- 상태보어식
早点儿起。(일찍 일어나다) -- '부사어+중심어'구조

④ 来得**晚点儿**。(늦게 왔다) -- 상태보어식
晚点儿来。(늦게 오다) -- '부사어+중심어'구조

⑤ 把花生米炸得**脆脆的**。(땅콩을 바삭바삭하게 볶았다) -- 상태보어식
脆脆地炸了花生米。(땅콩을 바삭바삭하게 볶았다) -- '부사어+중심어'구조

B) '정도보어식'과 '부사어+중심어'구조의 구별

① 好得**很**。(매우 좋다) -- 정도보어식
很好。(매우 좋다) -- '부사어+중심어'구조

② <u>高兴得**很**</u>。 (매우 기쁘다) -- 정도보어식

   <u>**很**高兴</u>。 (매우 기쁘다) -- '부사어+중심어'구조

③ <u>灵得**很**</u>。 (매우 능통하다) -- 정도보어식

   <u>**很**灵</u>。 (매우 능통하다) -- '부사어+중심어'구조

C) 가능보어식과 술빈구조

① <u>洗得**干净**</u>。 (깨끗이 빨 수 있다) -- 가능보어식

   <u>**能**洗干净</u>。 (깨끗이 빨 수 있다) -- 술빈구조

② <u>看得**懂**</u>。 (봐서 이해할 수 있다) -- 가능보어식

   <u>**能**看懂</u>。 (봐서 이해할 수 있다) -- 술빈구조

③ <u>爬得**上去**</u>。 (기어 오를 수 있다) -- 가능보어식

   <u>**能**爬上去</u>。 (기어 오를 수 있다) -- 술빈구조

D) 보어[补语]와 목적어[宾语]의 구별

- 보어와 목적어는 모두 동사 뒤에 위치한다.

我吃<u>**饱**</u>了。　　我吃<u>**饭**</u>。

- 목적어는 명사성, 동사성 성분 모두 충당 가능하지만, 전형적인 보어는 단지 동사성(형용사성)만 충당 가능하다.

我去<u>**北京**</u>。 명사성 목적어　　我希<u>**望去**</u>。 동사성 목적어

我听<u>**懂**</u>了。 동사 보어　　我<u>**学会**</u>了。 동사 보어

- 목적어의 작용은 동작과 관련된 사물을 이끌어 내는 것이며, 보어는 동작의 결과나 상태를 설명하는 것이다.

我爱上<u>**她**</u>了。 목적어 '她'—사랑하게 된 대상

我爱<u>**上**</u>她了。 보어 '上'—사랑하게 된 결과

(나는 그녀를 사랑하게 되었다)

E) 'V得'와 'V不得'

- 'V+得'는 상고시기 연동문이었으나, 이후 '得'가 문법화[21]과정을 겪으면서 '결과'를 나타내는 보어로, 이후 다시 '가능'을 표시하는 보어로 변화되어 오늘날에까지 이르고 있다.

    ① 说得(말할 수 있다) = 能说

       说不得(말할 수 없다) = 不能说

    ② 看得(볼 수 있다) = 能看

       看不得(볼 수 없다) = 不能看

    ③ 要得(할 수 있다)

       要不得(~할 수 없다)

    ④ 吃得(먹을 수 있다)

       吃不得(먹을 수 없다)

    ⑤ 动得(움직일 수 있다)

       动不得(움직일 수 없다)

(5) 보어의 파생의미

- 보어는 종종 글자 자체의 의미가 아닌 파생의미를 나타내는 경우가 있다.

1) '动'의 경우 동작을 할만한 힘이 있는가 없는가의 의미도 가지고 있다.

    走得动(걸어 움직일 수 있다)——走不动

    搬得动(옮길 수 있다)——搬不动

2) '住'가 들어가면 목적물에 영향을 주어서 고착시키는 의미를 가지고 있다.

    拦住(저지해서 움직이지 못하게 하다)

    记住(기억해서 박히게 하다)

    抓住(잡아서 꼼짝 못하게 하다)

    站住(거기 서!)

    打住(멈추다, 그만두다)

3) '开'가 들어가면 목적물을 원래 자리로부터 이동시키는 의미이다.

搬开(옮겨서 가버리다)

走开(떠나다, 비키다)

离开(떠나다)

4) '起来'가 들어가면 동작의 시작을 나타낸다.

唱**起来**(노래하기 시작하다)

他笑**起来**(그는 웃기시작했다)

雨又下**起来**了(비가 또 내리기 시작했다)

5) '下去'가 들어가면 동작의 지속을 표현한다.

说**下去**(계속 말하다)

(照这样)做**下去**(이대로 계속 해나가다)

6) '下'를 붙이면 가능, 허용을 나타냄

坐得**下**(앉을 수 있다)

坐不**下**(앉을 수 없다)

吃得**下**(먹을 수 있게 되었다--아팠다가 호전되어서)

吃不**下**(먹을 수 없다—입맛이 없거나 배불러서)

放得**下**(놓을 수 있다)

放不**下**(놓을 수 없다)

05 수식어[修饰语]와 중심어[中心语] [偏正词组]

- 수식관계[偏正结构]는 '定语+中心语'(관형어+중심어)와 '状语+中心语'(부사어[22]+중심어), 즉 '定中', '状中' 두 가지로 나뉜다.
- '定中'과 '状中' 모두 중심어를 꾸며준다(수식)는 데 있어서 공통점이 있으나, 수식을 받는 중심어 성분이 명사성 성분이면 '定中'관계, 동사성 성분이면 '状中'관계이다.
- 문법 술어 간의 혼란이 있으나 아래는 모두 같은 내용을 지칭하는 말이다.

  定语 = 관형어(冠形语) = 한정어(限定语) = 수식어(修饰语)

  状语 = 부사어(副詞語) = 상황어(狀況語)

  中心语 = 피수식어(被修饰语)

(1) 관형어와 중심어--(定中구조)

1) 중국어 문장성분 간의 관계: 중국어 문법구조를 이해하는 핵심

   1. 主谓结构(주술구조)

   2. 述宾结构(술빈구조)

   3. 述补结构(술보구조)

   4. 偏正结构(수식, 편정구조) : 定语+中心语 = **定中结构**

                                  状语+中心语 = **状中结构**

   5. 并列(联合)结构(병렬구조)

2) 관형어 + 중심어

- 관형어는 중심어 앞에서 수식 또는 제한하는 작용을 하는 성분이다. 수식하는 말에는 형용사, 대사, 명사, 동사가 온다. 중심어는 일반적으로 명사, 명사구가 온다.

   ① 新书(새 책)

   ② 旧书(오래된 책)

   ③ 我哥哥很聪明。(내 형은 총명하다)

④ **汽车的**_红色外壳_。(차의 붉은 표면)

⑤ **洗的**_那件衣服_。(세탁한 그 옷)

- '的'는 관형어의 문법표지이지만 언어적 습관에 의해 가끔 생략하기도 한다.

聪明**的**孩子 = 聪明孩子(총명한 어린이)

漂亮**的**文章 = 漂亮文章(뛰어난 문장)

美丽**的**人生 = 美丽人生(아름다운 인생)

富裕**的**国家 = 富裕国家(부유한 국가)

- '的'의 생략 여부

① 지시대사, 수량구 등이 관형어로 쓰이면 생략한다.

这件事(O)　　　这的件事 / 这件的事(X)

这人(O)　　　这的人(X)

三个人(O)　　　三个的人(X)

② 형용사 앞에 부사어가 있을 경우 반드시 '的'를 사용해야 한다.

<u>十分</u>聪明的人。(매우 총명한 사람)

<u>太过分</u>的称赞(너무 지나친 칭찬)

③ 동사가 명사를 수식할 때는 '的'를 생략할 수 없다. '的'를 생략하면 술빈구조로 바뀌기 때문.

<u>洗</u>的衣服(세탁한 옷)

<u>唱</u>的歌(부른 노래)

<u>走</u>的路(걸은 길)

④ 명사 혹은 대사가 관형어일 때 일반적으로 '的'를 사용한다. 단, 중심어가 친족의 호칭

혹은 단체, 기관의 이름일 경우 일반적으로 '的'를 생략한다.

他<u>的</u>想法(그의 생각)

我父亲(나의 아버지)　　我妈妈(나의 어머니)　　我们学校(우리학교)　　我们家(우리집)

(2) 부사어와 중심어--(状中구조)

A) 부사어는 용언(동사, 형용사)을 꾸미는 작용을 한다. 즉 동사, 동사구, 형용사 앞에서 수식을 하거나 제한을 하는 역할을 한다. 동작행위의 상태, 범위, 시간, 장소, 방식, 수단, 대상, 성질 등을 표현한다.

* 状语+中心语 = 状中结构 *

① 你可以**常**来玩儿。(자주 놀러 오세요)

② 我父亲的身体**很**好。(우리 아버지는 매우 건강하십니다)

③ 他们**刚**进教室来。(그들은 방금 교실로 들어왔습니다)

④ 这一带**常常**发洪水。(이 일대는 홍수가 자주 난다)

⑤ **在这儿**付钱。(요금은 이쪽에서 지불합니다)

⑥ **尖锐地**批判。(날카롭게 비판하다)

⑦ **用凶器**杀人。(흉기로 살인하다)

⑧ 她们**都**很漂亮。(그녀들은 모두 예쁩니다)

⑨ **向胜者**表示祝贺。(승자에게 축하를 보내다)

⑩ 最近天气预报**不太**可靠。(요즘 일기예보는 별로 믿을 수가 없어요)

⑪ 因为**经常**做练习，所以实力提高了很多。(자꾸 연습했더니 실력이 많이 늘었다)

⑫ 他们**说说笑笑地**玩得很高兴。(그들은 히히덕거리면 아주 재미있게 놀고있다)

B) 부사, 명사, 형용사, 대사, 수량사, 전치사구조 등이 부사어로 올 수 있다.

① **再**研究。(다시 연구하다)

② **明天**走。(내일 간다)

③ **快**跑。(빨리 달린다)

④ **那样**做。(그렇게 한다)

⑤ **一口**吃完。(한 입에 다 먹었다)

⑥ **在图书馆**看书。(도서관에서 책을 본다)

⑦ **一个个**出去。(한 명씩 나간다)

C) 중심어로는 동사, 형용사, 수량사 등이 모두 가능하다.

① 轻轻地**说**。(가볍게 말하다)

② 突然**进来**。(갑자기 들어온다)

③ 天刚**亮**。(날씨가 방금 밝아졌다)

④ 怎么才**五个**？(왜 겨우 5개 밖에 안되죠?)

D) '地'가 있으면 부사어의 문법표지이다. 가끔 생략되기도 한다.

快快(地)走(빨리 걸어)   **高高兴兴(地)**说(기쁘게 말하다)

E) '地'를 생략하는 경우:

① 쌍음절 부사 : **忽然**进来了(갑자기 들어왔다)   **曾经**去过(일찍이 가본 적이 있다)
　　　　　　非常苦(대단히 쓰다)

② 단음절 형용사 :**慢**讲(천천히 말하다)   **快**说(빨리 말하다)

　　쌍음절 형용사는 둘 다 가능 : **仔细(地)**观察(자세히 관찰하다)
　　　　　　　　　　　　小心(地)擦拭着(세심하게 닦다)

③ 전치사구조가 부사어로 쓰일 경우 : **在会议室**开会(회의실에서 회의하다)
　　　　　　　　　　　　从北京来(베이징에서 오다)

F) 문장성분의 기본적 순서 중 '부사어'의 위치

小王的　哥哥　**昨天**　买　到了　　新出版的　杂志。

관형어 + 주어　**부사어**+술어+보어　+　관형어　+　목적어

(샤오왕의 아버지는 어제 새로 출판된 잡지를 사오셨다)

06 병렬구조(并列构造) [并列词组·联合词组]

(1) 동일한 문법기능을 가진 두 개 이상의 단어나 어구가 나란히 병렬되어 있는 구조이다. 각 성분을 나란히 배열하며, 중간에 어떠한 형식표지도 오지 않는다.

每个星期一三五休息，二四六工作。(매주 월,수,금은 쉬고, 화,목,토는 일한다)

菜地里种的是白菜、黄瓜、茄子、辣椒、韭菜什么的。(밭에 배추,오이,가지,고추,부추 등을 심었다)

(2) 병렬성분 중간에 어기조사를 넣기도 한다.

菜地种的是白菜啊、黄瓜呀、茄子啊、辣椒啊、韭菜啊什么的。(밭에　배추,오이,가지,고추, 부추 등을 심었다)

(3) 중간에 허사가 삽입되기도 한다.

哥哥跟弟弟都喜欢踢足球。(형과 아우는 모두 축구하기를 좋아한다)

多吃水果和蔬菜。(과일과 야체를 많이 드세요)

(4) 용언도 병렬시킬 수 있다.

他们长得又高又大。(그들은 키도 크고 덩치도 좋다)

这个办法也好也不好。(이 방법은 좋기도 하고 나쁘기도 하다)

제4장
특수문형

제4장
특수문형

01 '是'자문[是字句]

1) '제2장 - (2)용언 – 1)동사'편에서 언급한 바 있듯이, '是'자는 주로 '~이다'를 표현하는 문장에서 전후 성분을 연결시켜주는 관계동사로서 작용한다. 'A是B'구문을 사용하여 객관적인 사실이나 주관적인 판단을 진술하거나 설명한다.

2) 'A是B'구문으로 'A'와 'B'가 동격이거나, 'B'가 'A'의 일부분이거나, 'B'가 'A'에 대한 설명이거나, 'B'가 'A'의 특징이나 소재임을 표현한다.

   ① 她是我们班的班长。(그녀는 우리반의 반장이다)

   ② 耶稣是上帝的独生子。(예수는 하나님의 독생자이다)

   ③ 他是我的老师，我是他的学生。(그는 나의 선생님이고, 나는 그의 학생이다)

   ④ 100度是水的沸点。(100도는 물의 끓는점이다)

   ⑤ 韩文是表音文字。(한글은 소리글자이다)

   ⑥ 那个人是个大嘴。(그 사람은 메기입을 가졌다)

⑦ 这孩子是黄头发。 (이 아이는 노랑머리이다)

⑧ 他是一个大舌头。 (그는 혀짤배기이다)

⑨ 牛是反刍动物。 (소는 반추동물이다)

3) 'A是B'구문으로 사물의 '존재'를 표현할 수도 있다. 'A'는 '장소명사' 혹은 '장소명사+방위사'이고, 'B'에는 존재하는 사람이나 사물이 온다.

① 屋里到处是书和衣服。 (방 안에는 온통 책과 옷들이다)

② 地上全是白雪。 (땅 위에는 전부 눈으로 덮여있다)

③ 宿舍前是个网球场。 (기숙사 앞은 테니스장이다)

④ 到处是庄家， 遍地是牛羊。 (사방 곳곳이 농가와 소, 양이다)

⑤ 山上全是枫树， 秋天是一片红。 (산 위는 온통 단풍나무요, 가을엔 온통 붉게 물든다)

02 존현문[存现句]: 존재, 출현, 소실

1) 존현문은 장소를 나타내는 어구가 주어가 되며, 사람이나 사물이 모처에 존재하거나 출현하고 혹은 소멸되는 의미를 나타내는 문장이다.

① **操场**上<u>站着</u>两个人。 (운동장에 두 사람이 서 있다)

② **树**上<u>有</u>个鸟窝。 (나무 위에 둥지가 있다)

③ **屋里**<u>少了</u>两件东西。 (방 안에 두 개의 물건이 사라졌다)

2) 주어의 동작이나 사물의 변화를 나타내는 것이 아니라 객관적으로 존재하는 하나의 사실이나 새로 발견한 일종의 사물을 표시할 때 주로 사용한다. '有'자문이나 '在'자문 혹은 'V着'를 사용하여 표현하기도 한다.

① 学校前边**有**很多商店。 (학교 앞에는 상점이 많이 있다)

② 今天下午**有**课。 (오늘 오후에 수업이 있다)

③ 明天下午我**在**图书馆。 (내일 오후에 나는 도서관에 있을 것이다)

④ 今天上午我没**在**家。 (오늘 오전 나는 집에 없었다)

⑤ 桌子上**放着**一本书。 (책상 위에 책 한 권이 놓여 있다)

⑥ 墙上**挂着**几幅画。 (벽에 그림이 몇 개 걸려 있다)

⑦ 小窗子上**亮着**灯光。 (작은 창문에 등불이 밝혀져 있다)

⑧ 她的眼里**闪动着**泪花。 (그녀의 눈에 눈물이 반짝이고 있다)

3) 장소사 뒤에는 방위를 나타내는 '上, 下, 里, 外' 등이 사용된다.

① **大厅里**坐着一位老人。 (로비에 한 노인이 앉아 있다)

② **房间里**丢失了两张桌子。 (방 안에 책상 두 개가 없어졌다)

③ **校门外**有一个书店。 (교문 밖에 서점이 하나 있다)

4) 의미 특징

① 존재 표시— **屋里**坐着两个人。 (방 안에 두 사람이 앉아있다)

② 출현 표시— **背后**传过来一个非常耳熟的声音。 (뒤쪽에서 꽤 낯익은 소리가 들려왔다)

③ 소실 표시— 昨天**班里**走了十几个同学。 (어제 우리반에 열댓 명의 친구가 가버렸다)

03 연동문[连动句]

1) 연동문은 두 개 이상의 동사나 동사구를 나란히 연용하는 형식이며, 일반적으로 동작시간 발생의 순서에 따라 동사나 동사구를 배열해서 사용한다. 중간에 허사가 개입하지 않는다.

① 上街 买菜(거리에 나가서 야채를 산다)

② <u>站着</u> 喝(서서 마신다)

③ <u>走着</u> 瞧(가면서 본다)

2) 의미상 두 개의 술어(구)는 하나의 주어와 주술관계를 형성한다.
<u>S</u> + VP1 + VP2 + (O)

① <u>她低着头</u> <u>想着往事</u>。(그녀는 머리를 숙이고 과거를 생각한다)

② <u>他们俩握着手</u> <u>不放</u>。(그들은 손을 잡고 놓지 않는다)

3) 두 개의 술어(구)는 의미상 깊은 관련이 있고, 순서가 고정되어 바꿀 수 없다.

① 시간 발생의 순서 : 你推门 进去吧。(너는 문을 밀고 들어가라)

② 앞 성분이 뒷 성분의 원인, 가정 : 小金有病 不能来上课。(샤오진은 병이 나서 수업에 올 수 없다)

③ 앞 성분은 방식, 뒷 성분은 목적 : 我去图书馆 看书。(나는 도서관에 가서 책을 본다)

4) 연동문은 표현하고자 하는 동작행위를 시간 발생의 순서대로 나열하여 무한대로 확장이 가능하다.

你坐这儿看看报吧→ 你坐这儿看看报等我一会儿→ 你进来坐这儿看看报等我一会儿→ ……

5) 병렬구조[并列结构, 联合结构]와의 차이점
병렬문은 전후 두 동사구의 위치를 바꿔 표현할 수 있지만, 연동문일 때는 시간 발생의 순서에 따라 표현하므로 위치 이동이 불가능하다.

① 병렬구조: 上天入地   ⟺   入地上天

(하늘로 오르고 땅으로 내려간다) (땅으로 내려가고 하늘로 올라간다)

唱歌跳舞   ⟺   跳舞唱歌

(노래하고 춤춘다)   (춤추고 노래한다)

② 연동구조: 下河洗菜   ⟹⟹   洗菜下河 (X)

(냇물로 내려가서 야채를 씻는다)   (야채를 씻고 냇물로 내려간다)

跳着唱歌	⟹	唱歌跳着 (X)
(뛰면서 노래한다)		(노래하고 뛰고 있다)

04 겸어문[兼语句]

1) 겸어문은 하나의 문장 속에서 술빈구조와 주술구조가 혼재하여 나타나는 문법현상이다.
   기본 문형: S + V1 + **N**(겸어) + V(P)2
   'N'은 'V1'의 목적어(受事)임과 동시에 'V2'의 주어(施事)가 된다.

   ① 我们请(V1)**他**(N)来(V2)。(우리들은 그에게 오라고 청했다)

   ② 你快请(V1)**客人**(N)进来(V2)。(당신은 빨리 손님에게 들어오시라고 하세요)

   ③ 他命令(V1)**手下**(N)开车(V2)。(그는 부하에게 명령해서 운전하게 했다)

   ④ 请客人进来。(손님에게 들어오시라 하세요)

   ⑤ 这房间没有人来过。(이 방에는 온 사람이 없습니다)

2) 'V1'은 일반적으로 사역동사(使役動詞)나 타동사(他動詞)이다. 겸어(N)의 술어는 앞의 동작
   이 도달한 목적이나 그로 인해 발생한 결과를 표시한다. (즉, V2는 V1의 결과 혹은 목적)

   ① 老师派**我**去拿作业。(선생님은 나를 보내서 숙제를 가져오게 했다)

   ② 请**医生**来看看吧。(의사를 불러서 좀 보게 해주세요)

   ③ 我想求**你**帮个忙。(나는 당신을 청해서 도움을 받고 싶다)

   ④ 林老师叫**你们**就去呢。(임선생님께서 너희들을 불러서 곧 가게 하신다)

3) 'V1'이 일반동사인 경우도 있다.

   ① 有个朋友要来。(오려는 친구가 한 명 있다)

   ② 老师通知**小李**到办公室去一趟。(선생님은 샤오리에게 사무실로 한 번 가보라고 통지했다)

4) 겸어 뒤에는 형용사가 오기도 한다. 또한 겸어 뒤에는 휴지가 있으나, 'V1' 뒤에서는 불가하다.

① 我爱他朴实、浑厚。 (나는 그가 순박하고 성실한 것을 좋아한다)

② 这个消息使我很高兴。 (이 소식은 나를 매우 기쁘게 한다)

5) 겸어문과 혼동하기 쉬운 표현
아래 두 형식 모두 'S+V1+NP+V2'

① 겸어문:　　　　　　我命令他马上回来。 (내가 그에게 곧 돌아오라고 명령했다)

② 주술구조 목적어: 我听说他马上回来。 (내가 그가 곧 돌아온다는 것을 들었다)

주술구조인 '他马上回来' 전체가 '听说'의 목적어

05 이중목적어구문[双宾句]

1) 이중목적어구문[双宾句]은 술어동사(타동사) 뒤에 두 개의 목적어가 출현하는 어구를 말한다.
일반적으로 'O1'은 사람, 'O2'는 사물이다.
기본 형식:　S + V(P) + **O1** + **O2**

① 他告诉我(O1)一个好消息(O2)。 (그는 나에게 좋은 소식 하나를 알려주었다)

② 李明送给我(O1)一本书(O2)。 (리밍은 나에게 책 한 권을 선물했다)

③ 我借他(O1)十块钱(O2)。 (나는 그에게 10위안을 빌렸다)

④ 我问他(O1)一个问题(O2)。 (나는 그에게 문제 하나를 물어보았다)

2) 동사는 일반적으로 '给, 送, 赠, 借, 拿, 问, 叫' 등이 사용되며, 두 개의 목적어 사이에는 어떠한 구조적 관계도 존재하지 않는다.

    ① 朋友<u>送</u>**我**(O1)好多礼物(O2)。(친구가 나에게 많은 선물을 주었다)

    ② 我<u>借</u>了**哥哥**(O1)**两块钱**(O2)。(나는 형에게 2위안을 빌렸다)

    ③ 老师<u>问</u>了**李明**(O1)三个问题(O2)。(선생님께서는 리밍에게 세 가지를 물으셨다)

3) 'O1', 'O2' 모두 사물이 올 수도 있고, 모두 사람이 올 수도 있다.

    ① 他问**我**(사람)一个问题(사물)。(그는 나에게 문제 하나를 물었다)

    ② 'O1', 'O2' 모두 사람: 他送给**图书馆**<u>自己所藏的书</u>。(그는 도서관에서 자신이 소장한 책을 보냈다)

    ③ 'O1', 'O2' 모두 사물: 大家叫**他**<u>金胖子</u>。(모두가 그를 김뚱땡이라고 부른다)

4) 'O2'에는 동사구가 올 수도 있다.

    ① 他问**我**(O1)**哪个办法最好**(O2)。(그는 나에게 어떤 방법이 가장 좋을지를 물었다)

    ② 他借给我(O1)从自己家里拿来的钱(O2)。(그는 자기 집에서 가져온 돈을 내게 빌려주었다)

06 처치문[处置式]

1) 처치(处置)란 어떠한 동작행위로 인하여 동작대상을 모종에 상태에 이르게 함을 뜻한다. 따라서 처치문[处置式]은 주어가 전치사 '把'나 '将'을 사용하여 동작대상으로 하여금 술어 앞으로 이동시켜 어떠한 상황·상태에 이르게 하고 그 결과나 변화를 표현하는 구문이다. 대표적으로 '把'자문과 '将'자문이 있다.

2) '把'는 본래 '쥐다, 잡다'의 뜻을 가진 동사였으나, 오랜 시간 동안 문법화(Grammaticalization) 과정을 거쳐 전치사로 허화(虚化)되었다. '把'자문은 전치사 '把'를 사용하여 동작대상 (N)을 술어 앞으로 이끌어내어 동작행위 발생 후의 상태, 변화, 결과를 강조하는 작용을 한다.

'S + V + N'   ⇨⇨⇨   'S + **把**N + VP'

3) '把'는 전치사이기 때문에 명사를 동반한다. '把' 뒤의 명사는 대개 동사의 목적어이며, 의미상 동사의 지배나 영향을 받는다.

   ① 小李**把**瓶子打碎了 = 小李打碎了瓶子。(샤오리는 병을 쳐서 깼다)

   ② 快**把**你的书整理好。(네 책을 빨리 정리해라)

   ③ 我们**把**敌人打退了。(우리는 적을 물리쳤다)

   ④ 他**把**球踢开了。(그는 공을 멀리 차냈다)

   ⑤ **把**肉切成厚片。(고기를 두껍게 썰어라)

   ⑥ 你能**将**您的名字写上吗?(여기에 당신의 주소를 적을 수 있겠어요?)

   ⑦ 她开玩笑地**将**他推开。(그녀는 그를 장난스레 밀쳐냈다)

   ⑧ 他**将**嗓门提得更高了。(그는 목소리를 훨씬 더 높였다)

4) '把'자문의 술어는 일반적으로 타동사, 뒤에 결과보어식이 종종 온다. 이는 '把'자문이 동작행위 후 어떠한 결과를 도출해내는 특성과 깊은 관련이 있다.

   ① 他们**把**凶手*抓住*了。(그들은 흉악범을 붙잡았다)

   ② 你**把**我*吓坏*了。(너는 나를 깜짝 놀라게 했다)

   ③ 我**把**弟弟*哄睡*了。(나는 동생을 얼러 잠 재웠다)

   ④ **把**缸里的水*弄出来*。(항아리의 물을 퍼냈다)

   ⑤ **把**牛肉*煮得烂烂的*。(쇠고기를 폭 삶았다)

   ⑥ 我想**把**这件事*弄清楚*。(저는 이 일을 정확히 파악하고 싶습니다)

5) '把'자문의 술어에는 형용사도 가끔 사용된다.

   ① 这次可**把**我累死了。(이번 일은 정말 나를 피곤하게 했다)

   ② **把**老李着急坏了。(라오리를 너무 조급하게 만들었다)

6) '把'자문에서 술어동사는 절대 단독성분이 사용될 수 없다. 동사의 앞이나 뒤에 반드시 어떤 다른 부가성분이 와야 한다.

他把我死了。(X)　　　他把我累死了。(O)

① 我把技术学好了。(나는 기술을 마스터했다)

② 他把作业写完了。(그는 숙제를 다 했다)

③ 快把自己的书读完。(빨리 너의 책을 다 읽어라)

④ 把书夹在肋下。(책을 옆구리에 끼었다)

⑤ 别把责任推给我。(책임을 저에게 미루지 마세요)

⑥ 把屎拉在裤子里。(바지에 똥을 쌌다)

7) 능원동사나 부정사는 동사 앞이 아니라 반드시 '把'자문 앞에 위치해야 한다.

① 他没有把这件事放在心上。(그는 이 일을 마음에 두지 않았다)

② 看他能把你怎么样。(그가 너를 어떻게 할 것인지를 봐라)

07 피동문[被动句]

(1) 피동문 개요

1) 피동문[被动句, 受事主语句]은 능동문[主动句]과는 상대적 개념을 표현한다. 술어가 표시하는 동작행위가 동작 대상자인 주어에게 행해짐을 표현하는 구문이다. 주어는 정해진 사람이나 사물이 온다. '피동표지가 없는 피동문'과 '피동표지가 있는 피동문(주로 '被'자문)'으로 나뉜다.

① 信已经发了。(편지는 이미 발송되었다)

② 衣服淋湿了。(옷이 흠뻑 젖었다)

③ 衣服**被**雨淋湿了。비를 맞아 옷이 젖었다

④ 衣服洗完了。(옷은 다 세탁했다)

⑤ 衣服全**被**露水浸透了。(옷이 이슬에 흠뻑 젖었다)

⑥ 敌人**被**彻底消灭了。(적은 철저하게 소멸되었다)

⑦ 他**给**骗了。(그는 속임수에 넘어갔다)

⑧ 他**给**人骗了。(그는 다른 사람에게 속았다)

⑨ 弟弟**叫**别的孩子打了。(동생이 다른 아이에게 맞았다)

2) 피동문 표현형식
① 피동표지('被, 给, 叫') 없이 피동 표현

瓶子打碎了。(병이 깨졌다)

② 피동표지만 사용하며, 동작 행위자 없이 표현

瓶子**被**打碎了。(병이 깨졌다)

② 동사 술어 앞에 피동표지('被, 给, 叫')를 사용하여 동작행위자를 도출하여 표현

瓶子**被**<u>猫</u>打碎了。(고양이가 병을 깨뜨렸다)

(2) '被'자문[被字句]

1) '被'자문은 '被'자가 들어 간 문장을 말하며, 피동문의 하위개념이다. 전치사 '被'자는 본래 동사로서 의미는 '입다', '덮다'였으나, 오랜 시간 문법화 과정을 거쳐 전치사로 허화되었다.
'被'자문은 본래 동작 대상자(목적어)였던 명사를 주어로 바꾸고, 원래의 주어는 '被'와 결합시켜 동작의 주체자로 전환시켜 만든다. 즉 '被'의 문법적 작용은 동작의 주체자를 끌어내는 것이다.

① 他打了我。(그는 나를 때렸다) → 我被他打了。(나는 그에게 맞았다)

② 我派人追上了他。 (나는 사람을 보내 그를 추격했다) → 他被我派人追上了。 (그는 내가 보낸 사람에 의해 추격당했다)

2) '被' 후면에 출현하는 동사는 일반적으로 단순동사가 아닌 복합동사나 동사 어구가 사용되며, 동사 뒤에는 최소한 '了'를 추가하여 사용한다. 또한 '被' 후면에 동반되는 명사성 성분은 종종 생략되기도 한다.

① 衣服全被露水浸透了。 (옷이 이슬 때문에 흠뻑 젖었다)

② 德国被盟国打败了。 (독일은 연합국에 의하여 패했다)

③ 那件事情被他知道了。 (그 일이 그에게 알려졌다)

④ 敌人被(我们)彻底消灭了。 (적은 철저히 소멸 당했다)

⑤ 凶手被(警察)抓住了。 (흉악범이 [경찰에게] 붙잡혔다)

⑥ 鞋底被磨坏了。 (신발 밑창이 다 닳았다)

⑦ 他在雪中被冻死了。 (그는 눈 속에서 동사했다)

3) '被'자문에 능원동사나 부정사를 사용할 때는 반드시 '被'자 앞에 사용해야 한다.

① 他可能会被老板炒鱿鱼。 (그는 아마도 사장에게 해고당할 것이다)

② 他没有被老板炒鱿鱼。 (그는 사장에게 해고당하지 않았다)

③ 他没被经理看中。 (그는 사장의 눈에 들지 못 했다)

4) '被~ 所~' 고정격식으로 자주 사용되며, 주로 서면어에서 볼 수 있다.

① 我深深被您的话所感动。 (저는 당신의 말에 깊이 감동받았습니다)

② 被生计所困扰。 (살림에 부대끼다)

③ 被私情所纠缠。 (사사로운 정에 이끌리다)

④ 被私欲所驱使。 (사리사욕에 의해 마음이 동하다)

⑤ 被女色所迷。 (여색에 미혹되다)

⑥ 被物质所诱惑。 (물욕에 유혹되다)

5) '被'자문은 의미적으로 '원치 않거나 불행한 일' 등 부정적인 표현을 할 때 주로 사용한다. 긍정적인 일에는 사용하지 않으며, 문장 전체의 의미가 최소한 중성(中性)의 표현일 때 사용 가능하다. 이는 '被'자가 가지고 있던 본래의 동사용법상의 의미가 아직 남아있기 때문이라고 볼 수 있다. 그러나 최근에 이르러서는 예⑨, ⑩처럼 점차 긍정적 표현에도 사용하는 추세가 강해지고 있다.

① 他被刀割了手指头。 (그는 칼에 손가락을 베였다)

② 大驴子被小老虎吃掉了。 (큰 당나귀가 새끼호랑이에게 잡아먹혔다)

③ 前车被后车撞了。 (앞차가 뒤차에 부딪혔다)

④ 他被父亲呵斥了一顿。 (그는 아버지에게 준엄한 꾸중을 들었다)

⑤ 游泳高手最终被淹死。 (헤엄 잘 치는 자가 결국은 물에 빠져 죽는다)

⑥ 那音乐被麦克风扩大了。 (그 음악은 마이크를 통해 증폭되었다)

⑦ 乘客们被这景色迷住了。 (승객들은 풍경에 마음을 다 빼앗겼다)

⑧ 他戴着手铐被送进监狱。 (그는 수갑을 차고 감옥으로 끌려갔다)

⑨ 他被评为劳动模范。 (그는 모범노동자로 평가받았다)

⑩ 孩子被我管好了。 (아이는 내가 관리하게 되었다)

6) '被'자문에서는 '被'전치사구 뒤에 오는 술어가 일반적으로 결과보어식이 자주 출현한다. 이는 '被'자문이 동작행위 후 어떠한 결과를 도출해내는 특성과 깊은 관련이 있기 때문이다.

① 房子被烧掉了。 (집이 불타 버렸다)

② 自行车被借走了。 (자전거는 누군가가 빌려갔다)

③ 他被公司裁退了。 (그는 회사로부터 정리해고 당했다)

④ 手被刀子划破了。 (손이 칼에 베여 상처가 났다)

⑤ 我被太阳晒黑了。 (나는 햇볕에 화상을 입었다)

⑥ 房门被风关上了。 (방문이 바람에 닫혀버렸다)

⑦ 污垢被洗干净了。 (때가 깨끗이 벗겨졌다)

⑧ 文化财富**被烧毁**。 (문화재가 소실되었다)

⑨ 有用的树先**被砍掉**。 (쓸만한 나무는 먼저 베어진다)

⑩ 衣服**被**钉子**挂住**了。 (옷이 못에 걸려 있다)

⑪ 这一事件**被拍摄下来**。 (그 사건은 비디오로 찍혔다)

7) '被'의 문법적 작용이 동작의 주체자를 끌어내는 것이지만, 그렇지 않은 경우도 있다.

① 他被那件事情**愁死**了。 (그는 그 일 때문에 걱정돼 죽을 지경이다)--결과의 원인

08 도치구문[倒装句]

1) 문장성분의 일반적인 위치, 순서가 바뀐 구조이다. 그러나 기존 각 성분 간의 관계는 변하지 않는다.

① 주어 도치: 你怎么了？⇒ 怎么了，**你**？(왜 그래, 너?)

你这个混蛋，快滚出来！⇒ 快滚出来，**你这个混蛋**！(개같은 자식, 빨리 꺼져!)

好看极了，**这件衣服**！(정말 멋있다, 이 옷!)

真有意思，**这个人**。 (정말 재미있다, 이 사람!)

② 목적어 도치: **他出国了**，听说。 (그는 출국했대, 듣자하니)

不会再地震了，估计。 (지진이 다시 발생하지는 않을 거야, 내 생각에)

③ 보어 도치: **气都喘不过来了**，跑得。 (숨도 못 쉴 정도로 뛰었다)

吓死人了，说得。 (그 말에 깜짝 놀랐다)

④ 부사어 도치: 他走过来，**悄悄地，慢慢地**。 (그는 걸어왔다, 살금살금, 천천히)

他骑着车跑到富川，**一口气**。 (그는 말을 타고 부천까지 내달렸다, 단숨에)

十点半了, **都**！(10시 반이야, 벌써!)

找着了, **大概**。(찾았다, 아마도)

⑤ 복문[复句]에서의 도치: **他不敢说地名**, 因为不准知道。

(그는 감히 지명을 말하지 못 했다, 잘 모르기 때문에)

2) 도치구문을 사용하는 이유는 표현하고자 하는 내용을 강조하기 위함이다.

3) 전후 두 부분 중 앞 부분을 강조하여 읽는다.

4) 말 뒷부분에 있던 어기사는 도치될 때 자연스럽게 따라 온다.

09 기타 문법구조

(1) '所'자 구조

1) '所'자는 타동사와 결합하여 '동작이 지배하거나 동작과 관련된 대상을 언급'할 때 사용하는 문법구조가 된다. 서면어에서 주로 사용되지만, 구어체에서도 종종 쓰인다.

所说(말한 것)   所见(본 것)   所记住(기억한 것)

2) '所 + V' -- '~하는 바'('的'와 같은 명사화의 표지)

所说的(말한 바, 말한 것)   所指(지적한 바, 지적한 것)   所谓(~라고 말한 바)

3) 일반적으로 '的'와 결합한다.

① 如上**所言**。(위에서 언급한 바와 같다)

② 有**所作为**。(성과가 있다)

③ **所希望的**人物。(바람직한 인물)

④ 对生命的意义有**所**感悟。(생명의 의미에 대해 좀 깨닫다)

⑤ 分配各自**所**要干的工作。(각자의 할 일을 배정하다)

⑥ 正视自己**所**面临的现实。(자신이 처해 있는 현실을 직시하다)

⑦ 此乃党心**所**向,民心**所**指。(이것이 바로 당심과 민심이 지향하는 바이다)

⑧ 我不知道你**所**说的、**所**指的是什么。(나는 네가 말한 것 지적한 것 무엇도 알지 못한다)

⑨ 你就将你**所**见到的、**所**记住的那些事情告诉我们就可以了。(네가 본 것과 기억한 것 그 일들을 우리에게 알려주면 된다)

(2) 방위구조[方位结构]

1) 방위사(방향 또는 위치를 표시하는 명사)가 단어나 구와 결합이 된 문법구조로서 부사어의 역할을 담당한다.

2) 앞 부분은 일반적인 단어나 어구, 뒷 부분은 방위사가 들어간다.

3) 중간에 '的'는 들어가면 안 된다.

天空中+VP (창공 중에, ~)　　　午饭后+VP (점심식사 후, ~)

口头上+VP (구두상으로, ~)　　　院子里+VP (뜰 안에서, ~)

4) 일반적으로 명사성 구조이지만 종종 동사성 성분도 결합이 가능하다.

讨论前+VP (토론하기 전에, ~)　　　读完后+VP (책을 다 읽은 후에, ~)

(3) 비유구조[比况结构]

1) 비유할 때 사용하는 구문으로서 고정격식이 있으며, 명사, 동사, 다른 어구의 뒤에 붙어서 만들어지는 구조이다.

'~似的, ~一般, ~一样(~와 같은)'

① 泪人似的(눈물을 펑펑 흘린 사람처럼)

② 落汤鸡似的(물에 빠진 닭처럼)

③ 暴风雨一般的(폭풍우처럼)

④ 雷鸣般的(우레소리처럼)

⑤ 火一样的(불 같은)

⑥ 触电一样的(감전된 것처럼)

2) 서면어에서 주로 사용되며, 문장 속에서 술어나 관형어, 부사어, 보어로 쓰일 수 있다.

① 别再像妈妈似的照顾我了(다시는 엄마처럼 나를 돌보려 하지 마세요)

② 别装得像你不知道似的(모르는 척하지 마세요)

• • •

제5장
문장의 종류

제5장
문장의 종류

01 서술문[陈述句]

(1) 개요

1) 서술문은 문장의 어기(語氣), 즉 말의 기운이나 뉘앙스적 특성에 따라 분류한 형식이다. 흔히 진술문(陳述文)이라고도 하며, 어떤 일이나 상황을 서술하거나 설명하는 구문으로서 어조(語調)가 균일하고 끝을 약간 내려 읽는다. 서면어에서 마침표로 종결된다.

  ① 天气越来越冷了。(날씨가 점점 추워졌다)

  ② 他不会骗你的。(그는 너를 속이지는 않을 것이다)--'的'는 강조를 위한 용법

2) 구문의 말미에 '了, 的, 呢, 嘛' 등의 어기사를 종종 사용하여 말의 느낌을 강화시킨다.

  ① 葡萄洗好了。(포도를 깨끗이 씻었다)

  ② 你的意见是对的。(너의 의견이 옳다)

  ① 这次买的香蕉还不少呢。(이번에 산 바나나는 적지 않아요)

  ② 人家刚刚学嘛。(사람들이 방금 배웠잖아요?)

3) 긍정식과 부정식으로 나뉜다.

	肯定式	否定式

① 他会去的。(그는 아마 갈 꺼야)　　　　他不会去。(그는 아마 안 갈 거야)

② 他去过北京。(그는 베이징에 가봤다)　　他没有去过北京。(그는 베이징에 가본 적이
　　　　　　　　　　　　　　　　　　　　　　　　　　　　　　없다)

4) 부정식에 종종 이중부정식을 사용하기도 한다. 이중부정은 강한 긍정의 어기를 표현한다.

'不得不 + VP': (~하지 않을 수 없다)

① 他不会不去。(그는 가지 않지 않을 것이다)

② 他不可能没有去过北京。(그는 베이징에 안 가 본 것은 불가능하다)

③ 我不得不吃。(나는 먹지 않을 수 없다)

④ 我们不得不让他离开。(우리는 그를 떠나 보내지 않을 수 없었다)

⑤ 她的声音太小，他不得不费力地听着。(그녀의 목소리가 너무 낮아서 그는 알아듣기 위
　　해 애를 써야 했다)

(2) 서술문의 종류[23]

서술문은 문장 표현의 어기에 따른 분류이지만, 술어의 문법적 특성에 따라 다시 아래와
같이 나눌 수도 있다.

1) 동사술어문[动词谓语句]: 동사나 동사성 어구가 술어 위치에 충당

① 我走！(저는 갑니다)

② 你看看，我听听。(당신은 좀 보세요, 저는 들어보겠습니다)

③ 今天没吃早饭。(오늘은 아침밥을 먹지 않았다)

④ 小李爱吃猪肉。(샤오리는 돼지고기 먹기를 좋아한다)

2) 형용사술어문[形容词谓语句]: 형용사나 형용사성 어구가 술어 위치에 충당

① 你好！(안녕하세요!)

② 你<u>漂亮</u>！(당신 예쁘군!)

③ 苹果<u>红了</u>。(사과가 빨개졌어요)

④ 李明<u>很聪明</u>。(리밍은 아주 총명합니다)

⑤ <u>屋里</u><u>非常干净</u>。(집 안은 매우 깨끗합니다)

3) 명사술어문[名词谓语句]: 명사 혹은 명사성 어구가 술어 위치에 충당

① 明天<u>仲秋节</u>。(내일은 추석입니다)

② 妈妈<u>首尔人</u>。(어머니는 서울사람입니다)

③ 爸爸<u>五十岁</u>。(아버지는 50세입니다)

④ 香玉<u>大大的眼睛</u>。(샹위는 큰 눈을 가졌습니다)

⑤ 他<u>从北京来的</u>。(그는 베이징에서 왔습니다)

4) 주술술어문[主谓谓语句]: 주술구조가 술어 위치에 충당

① 他<u>身体很健康</u>。(그는 건강이 매우 좋습니다)

② 这件衣服<u>我很喜欢</u>。(이 옷을 나는 매우 좋아합니다)

02 의문문[疑问句]

의문문은 상대방에게 질문을 하는 문장으로서 문말에 '?'를 사용하며 어기가 상승한다. 아래와 같은 몇 가지 종류가 있다.

(1) 의문사 의문문[特指问句]

1) 의문사

• '谁', '什么', '怎么', '哪' 등의 의문사를 사용하여 특별히 무엇인가를 지정해서 묻는 의문

문이다. 질문에 대한 답은 제기한 문제의 초점에 맞추어 해야 한다. 의문의 어기를 강화시키기 위하여 문말에 '呢'를 사용할 수 있으나, '吗'는 사용할 수 없다.

① **哪**一个是不合格的？(어떤 것이 불합격인 것인가?)

② 你**什么**时候来？(너는 언제 올거니?)

③ **为什么**不解释呢？(왜 해석을 안 하니?)

④ 那是**谁**的房间？(저것은 누구의 방입니까?)

⑤ 他究竟说了些**什么**呢？(그는 도대체 무슨 말을 하는 것인가?)

⑥ 你是**怎么**过来的？(당신은 어떻게 오신 것입니까?)

⑦ 我**怎么**知道她没有孩子呢？(그녀에게 아이가 없는 걸 내가 어찌 압니까?)

2) 의문 어기조사

• 의문문의 문말에 사용하여 의문의 어기를 표현한다. '吧', '吗', '么', '呢', '啊' 등이 있다.

① 因为什么事不能来**啊**？(무슨 일 때문에 안 오는 거야?)

② 你到哪儿去**呢**？(당신은 어디 가시나요?)

③ 他到过上海**吗**？(그는 상하이에 도착했었나요?)

④ 这件事他总不会见怪**吧**？(그는 어쨌든 이 일을 탓하지는 않겠죠?)

⑤ 你为什么这样匆忙**啊**？(당신은 왜 이렇게 바쁘신가요?)

(2) 일반의문문[是非问句]

• 문법구조는 기본적으로 서술문과 같으나, 일반적으로 문말에 의문어기사 '吗'를 붙이고 어기를 상승시킨다. 의문을 제기하고 긍정이나 부정의 대답을 요구하는 의문문으로서 대답은 대개 의문문에 사용된 동사로 답하거나, '是, 对, 不, 没有'를 사용한다.

① 英子要走？(잉즈는 가려 합니까?)---是, 她要走。(네, 그녀는 가려 합니다)

② 你去北京了**吗**？(당신은 베이징에 갔습니까?)---没有。(안 갔습니다)

③ 你口渴**吧**?(당신, 목이 마르죠?)---是。(네)

④ 我们坐火车去吗？(우리 기차 타고 가나요?)---对。(네, 맞아요)

⑤ 妈妈，这个合适吗？(엄마, 이거 적당해요?)---合适。(적당해)

⑥ 大哥今天不在家吗？(형님은 오늘 집에 안 계시나요?)---不在家。(안 계셔요)

⑦ 屋里还有人吧？(방 안에 아직 사람 있나요?)---还有人。(있어요)

(3) 정반의문문[正反问句]

- 질문자가 긍정과 부정의 형식을 나란히 연첩시켜(A不A형식) 의문을 제기하고, 긍정이나 부정의 대답을 요구하는 의문문이다. 문말에 어기조사 '呢'나 '啊'를 붙여 사용할 수 있으나 '吗'는 안 된다.
- 2음절 동사의 경우 'AB不AB'와 'A不AB' 모두 사용 가능하다.
  '是不是'의 경우, 목적어가 오면 '是不是+O'와 '是+O+不是' 모두 사용 가능하다.

① 你冷不冷啊？(당신 추우세요?)

② 喜不喜欢？(좋아요, 안 좋아요?)

③ 你到底去不去教堂？(당신은 도대체 교회에 갈 거에요, 안 갈 거에요?)

④ 你能不能去一趟啊？(한 번 가주실 수 있나요?)

⑤ 这苹果大不大？(이 사과는 크니 안 크니?)

⑥ 你是不是忘了？(너 잊어 버린거지?)

⑦ 你愿意不愿意呀？(당신은 원하세요?)

⑧ 你是不是喜欢我？(당신 나를 좋아하는 거 아니에요?)

⑨ 你瞧瞧，是这个不是？(좀 보세요. 이거 아닌가요?)

⑩ 你同意不同意他的意见？(당신은 그의 의견에 동의하시나요?)

⑪ 今天下午还开不开会？(오늘 오후에 회의 하나요 안 하나요?)

⑫ 钱包里还有没有钱？(지갑 안에 돈이 있어요, 없어요?)

(4) 선택의문문[选择问句]

- 몇 개의 문제를 병렬로 늘어 놓거나 '正反'의 두 문제를 제기하여 청자(聽者)로 하여금

택일하게 만드는 의문문이다. 주로 '是A, 还是B'구조를 사용한다. 문말에 어기조사 '呢'나 '啊'를 붙여 사용할 수 있으나 '吗'는 사용할 수 없다.

① 你到底是中国人, 还是韩国人？(당신은 도대체 중국인이에요, 한국인이에요?)

② 我们这次是去北京呢, 还是去上海？(우리는 이번에 베이징에 가나요, 아니면 상하이에 가나요?)

③ 你是喜欢打篮球, 还是打乒乓球？(너는 농구를 좋아하니, 탁구를 좋아하니?)

④ 你是真不知道, 还是装傻呢？(너 정말로 모르는 거야, 아니면 바보인 척하는 거야?)

⑤ 你今天是去还是不去？(당신 오늘 가요, 안 가요?)

⑥ 有女朋友好呢, 没有女朋友好呢？(여자친구 있는 게 좋아요, 없는 게 좋아요?)

⑦ 去中国好, 不去中国好？(중국 가는 게 좋아요, 안 가는 게 좋아요?)

(5) 반어문[反问句]

• 형식상으로는 의문문이지만 실제로는 청자의 답변을 요구하지는 않는 의문문이다. 외형상으로는 긍정이지만 내부적으로 부정의 의미를 담고 있는 것이 있고, 한편 이와 정반대인 것도 있다.

① 这么简单的问题你都不会？(이렇게 간단한 문제도 못 푸니?)

② 你怎么这么做呢？(너 어떻게 이렇게 할 수 있니?)

③ 你看这车不是真的修了吧？(보세요, 이 차 정말로 수리한 거 아니죠?)

④ 这个词不是学过了吗？(이 단어 배웠던 거 아니니?)

⑤ 这么好的条件, 你应该满意吧？(이렇게 좋은 조건인데, 당신 당연히 만족하시겠죠?)

03 비교문[比较句]

- 비교문은 '比'자가 명사성 성분과 결합하여 전치사구를 형성한 뒤 동사나 형용사 앞에 사용되어 사물의 성질이나 정도의 차이를 설명하거나 문장에서 비교관계를 표시하는 구문을 말한다.
- 비교의 내용과 결과에 따라 '동등(同等)비교', '차등(差等)비교' 두 가지로 나눌 수 있다.

(1) 동등비교

비교하는 주체와 대상이 차이 없이 동등할 경우 사용하는 비교법이다.

기본 형식은 'A + 跟(和) + B +一样/不一样'이며, 의미는 'A는 B와 같다', 'A와 B가 똑같이 ~하다'.

① 跟孩子们一样。(어린 아이와 같다)

② 那个跟新的一样。(저것은 새것 같다)

③ 他跟外表不一样，不是一般人。(그는 외모와 다르다, 보통사람이 아니다)

④ 我的智能手机跟他的一样好。(저의 스마트폰은 그의 것만큼 좋습니다)

⑤ 这本书跟那本书一样大。(이 책은 저 책만큼 크다)

⑥ 如今的工人跟过去的工人不一样了。(현재의 노동자들은 과거의 노동자와는 달라졌다)

⑦ 我的吉他跟你的不一样。(나의 기타는 너의 것과 다르다)

⑧ 我做的跟你做的不一样。(내가 만든 것은 네가 만든 것과는 다르다)

(2) 차등비교

두 비교대상 간 정도의 차이를 표현하는 문장이다. 아래 몇 가지 기본형식을 이용하며, 비교의 주체와 대상은 사람, 사물 모두 가능하다.

1) 'A + 比 + B + 동/형'

전치사 '比'는 A, B 두 비교 대상과 주체 간의 성질, 상태, 수량, 정도 등의 차이를 표현한다.

'A는 B보다 ~하다'

① 他弟弟**比**他聪明。(그의 동생은 그보다 똑똑하다)

② 昨天**比**今天冷得多。(어제는 오늘보다 훨씬 춥다)

③ 他**比**我高一头。(그는 나보다 머리 하나만큼 더 크다)

④ 今天我**比**玛丽来得早。(오늘 나는 메리보다 일찍 왔다)

⑤ 我**比**玛丽早来10分钟。(나는 메리보다 10분 일찍 왔다)

⑥ 他的房间**比**我的房间大。(그의 방은 내 방보다 크다)

2) 'A + 有／没有 + B + 这么／那么 + 동/형'

'A는 B만큼 이렇게/저렇게 ~하다'

① 这个房间**有**那个房间那么大。(이 방은 저 방만큼 그렇게 크다)

② 我妹妹**有**我这么高。(내 여동생은 나만큼 이렇게 키가 크다)

③ 他**有**你这么胖吗？(그는 당신만큼 이렇게 뚱뚱한가요?)

④ 你**有**他唱得好吗？(당신은 그 사람만큼 노래를 잘 하시나요?)

⑤ 他**没有**你这么高。(그는 당신만큼 이렇게 키가 크지는 않다)

⑥ 北京**没有**首尔那么热。(베이징은 서울만큼 그렇게 덥지 않다)

3) 'A + 不如 + B + 这么／那么 + 형'

'A는 B만 못하다, A는 B에 미치지 못한다'

① 这本词典**不如**那本词典。(이 사전은 저 사전만 못하다)

② 来这儿**不如**去那儿。(여기 오는 것은 저기 가는 것만 못하다)

③ 坐火车**不如**坐飞机快。(기차 타는 것은 비행기 타는 것만 못하다)

④ 我**不如**他学得好。(나는 그가 배운 것만큼에 미치지 못한다)

⑤ 我的字**不如**他写得<u>那么</u>好。(내 글씨는 그가 쓴 것만큼 그리 좋지 못하다)

⑥ 我**不如**玛丽说汉语说得<u>那么</u>流利。(내 중국어는 메리가 하는 것만큼 그렇게 유려하지 못하다)

4) '更 + 동/형', '最 + 동/형'

'更 + 동/형'은 상대적인 비교, '最 + 동/형'은 최상급의 비교이다.

① 哪个更经济?(어느 것이 더 경제적입니까?)

② 哪个更便宜?(어느 것이 더 쌉니까?)

③ 明天会更好。(미래는 내일이면 더 나을 것이다)

④ 我们吃得更多, 锻炼得却更少。(우리는 과거보다 더 많이 먹고 운동을 덜 하고 있다)

⑤ 你什么时间最方便?(하루 중 언제가 가장 좋은 시간입니까?)

⑥ 我独立工作最出色。(나는 혼자서 일할 때 가장 잘 한다)

⑦ 他在班里成绩最好。(그는 반에서 성적이 제일 좋다)

⑧ 学生当中他最突出。(학생 중 그가 특히 뛰어나다)

5) 'A + 胜过 + B'

'A는 B보다 낫다'

① 有智慧胜过有财富。(부유하기보다 현명한 것이 낫다)

② 新任校长胜过他的前任。(신임 교장은 전임자보다 낫다)

③ 一幅图像胜过千言万语。(천 마디 말보다 한 번 보는 게 더 낫다)

④ 一位父亲胜过100位老师。(백 명의 스승보다 한 명의 아버지가 낫다)

6) '越来越~', '越A越B'

사람이나 사물의 수량, 정도 등이 시간의 변화에 따라 점차 변화, 발전해가는 상황을 비교할 때 사용한다. '점점 ~하다', '점점 ~해진다'의 의미로 앞과 뒤의 점층적인 변화를 비교하는 방법으로 사용된다.

① 就业难越来越厉害。(취업난이 갈수록 심해진다)

② 讨论会越来越热烈。(토론회가 열도를 더해 가다)

③ 男性不育越来越常见。(남성의 불임이 평범한 일이 되고 있다)

④ 来的人**越**多**越**好。 (오는 사람들이 많으면 많을수록 좋다)

⑤ 孩子们**越**闹**越**欢。 (아이들은 놀면 놀수록 더욱 활기차다)

⑥ 好人**越**夸**越**好, 坏人**越**夸**越**糟。 (칭찬은 좋은 사람은 더 좋게, 못된 사람은 더 못 되게 해준다)

⑦ 他的书法是**越**写**越**神了。 (그의 서예 솜씨는 갈수록 오묘해진다)

04 강조문[强调句]

(1) '是~的'구문

'是~的'구문은 이미 완성된 동작 발생의 시간, 장소, 방식 등을 강조할 때 사용한다.
기본형식: 'S+是+시간,장소,방식+VP+的'

① 他是昨天回国的。 (그는 어제 귀국했습니다)

② 这是她故意给你做的。 (이것은 그녀가 일부러 나에게 만들어준 것입니다)

③ 我不是跟他一起来的。 (나는 그와 같이 온 것이 아닙니다)

④ 我是在北京大学留过学的。 (나는 베이징대학에서 유학한 적이 있습니다)

⑤ 我是从釜山骑自行车来的。 (저는 부산에서 자전거를 타고 왔습니다)

⑥ 这是我女朋友特意给我买的。 (이것은 내 여자친구가 나에게 특별히 사준 것입니다)

⑦ 这个手风琴是从意大利买来的。 (이 아코디언은 이태리에서 사 온 것입니다)

⑧ 妈妈今天做的晚饭是我最爱吃的。 (엄마가 오늘 만들어 준 저녁밥은 내가 가장 먹기 좋아하는 것입니다)

⑨ 教堂里牧师的职位不是世袭的。 (교회에서 목사 자리는 세습하는 것이 아닙니다)

(2) 의문대사 강조

대답을 위한 의문사의 사용이 아니라, 표현하고자 하는 말을 강조하기 위함이다.

① 我**怎么**知道？(내가 어찌 압니까?)

② 他**什么**事情都知道。(그는 어떠한 일이라도 다 안다)

③ 她**哪个**电影都看过。(그녀는 어떤 영화든 모두 다 봤다)

④ 她**哪儿**都不去。(그녀는 어디에도 안 간다)

⑤ 他**谁**都不认识。(그는 누구도 알지 못한다)

⑥ 你**干吗**, 来这儿啊？(당신은 왜 여길 왔죠?)

⑦ 你**怎么**不认识她呀？(당신 왜 그녀를 몰라요?)

(3) '连~都 / 也~'

① **连**他**都**知道这件事。(그 사람도 이 일을 다 알고 있어요)

② **连**你**也**不知道吗？(너조차도 모르느냐?)

③ **连**一口水**都**没喝。(물 한 모금도 못 마셨다)

④ **连**一块钱**也**没有。(단돈 1원도 없다)

⑤ 我**连**自己**也**养活不了。(나는 내 자신이 먹고 살 정도도 안돼)

⑥ **连**中国人**都**不知道, 何况是我呢？(중국사람도 모르는데, 하물며 나는 어떻겠는가?)

⑦ 那位先生也是教授, 难道**连**这个**也**不知道？(그 선생님도 교수인데 이런 것쯤도 모르랴?)

⑧ 我受到他们的威吓, **连**一句话**也**没说出来。(나는 그들의 위협을 받아서 말 한 마디조차
  도 못했다)

05 명령문[祈使句]

‘명령, 금지, 요청, 권유’ 등의 의미를 표시하는 구문으로서 의미를 강화시키기 위해 문두에 ‘请’을 사용하거나 문말에 어기사를 자주 사용한다.

① 出去！(나가라!)

② 请你把书递给我。(책을 저에게 건네 주세요)

③ 快去收拾衣服！(빨리 가서 옷 좀 정리해!)

④ 你可要小心点啊！(좀 조심해라!)

⑤ 快点干活！(좀 빨리 일 해라!)

⑥ 不许动！(움직이지 마!)

⑦ 不准撒谎！(거짓말 하지마!)

⑧ 不能在公共场所抽烟！(공공장소에서는 담배 피우면 안 됩니다!)

⑨ 您请坐！(당신 앉으세요)

⑩ 您还是吃点吧！(당신 그래도 좀 드시죠!)

⑪ 您甭担心啦。(걱정하실 필요 없어요)

06 감탄문[感叹句]

어떤 강렬한 감정을 표출하는데 사용하는 구문이다. ‘太, 好, 好多, 真, 多么’ 등의 수식어 성분을 사용하며, 말미에 ‘啊, 呀’ 등의 감탄어기사를 사용함.

① 好大的雨呀！(정말 큰 비구나)

② 简直是太幼稚了！(정말로 너무 유치하다)

③ 啊哟！我的天哪！(아이쿠! 나의 하늘이시여)

④ 真美啊！(정말 아름답군요!)

⑤ 多么漂亮的云彩啊！(얼마나 아름다운 구름인지요!)

제6장
문장의 구조

1. 단문[单句]
2. 복문[複句]

제6장
문장의 구조

01 단문[单句]

하나의 단어나 하나의 어구로만 이루어진 문장을 단문이라 하며, 두 가지 종류가 있다. 단문과 단문 사이에는 비교적 긴 휴지가 있어야 하며, 서면어에서 마침표[句号], 쉼표[逗号], 물음표[问号], 느낌표[感叹号] 등으로 분리하여 표시한다.

(1) 주술구[主谓句]

하나의 어구가 주술구조를 이루는 문장이다.

① 我们跳舞。(우리는 춤을 춘다)

② 你懂吗？(이해가 되시나요?)

③ 我明白了。(이해하겠습니다)

(2) 비주술구[非主谓句]

하나의 단어만으로 문장을 이루거나, 주술구가 아닌 경우의 문장이다.

① 走！(가!) 火！(불이야!)

② 多美啊！(얼마나 아름다운지!)

③ 开门！(문 열어!)

④ 严禁烟火(화기엄금)

02 복문[复句]

- 복문(複文)은 두 개 혹은 두 개 이상의 의미상 깊은 연관을 가진 단문(單文)들의 조합이다. 구조상 서로 포함관계가 아니라 대등하거나 선택적인 관계를 맺고 있다.

- 하나의 복문은 어음(語音)적으로 한 가지 어조(語調)를 가지며, 단문 간의 휴지는 상대적으로 짧다.

- 단문 간의 논리관계는 일반적으로 관용어구를 사용하여 표현한다. 예, '因为~, 所以~'(~때문에 그래서 ~하다)'

- 복문 내의 각 단문의 주어는 동일할 수도 있고 다를 수도 있으며, 종종 생략도 가능하다.

  ① 只有努力学习，才能取得好成绩。(열심히 노력해서 공부한다면 좋은 성적을 얻을 수 있다)

  ② 他站得太久了，腿都酸了。(그는 너무 오래 서 있어서 다리가 모두 시리다)

  ③ 无论你什么时候来，我肯定都会得到消息的。(네가 언제 오든지 간에 나는 반드시 소식을 얻을 것이다)

  ④ 我想走，他也想离开。(나는 가고 싶다. 그도 떠나고 싶어한다)

- 복문은 단문 간 내부의 논리적 의미관계에 따라 연합복문[联合复句]과 주종복문[主从复句]으로 분류한다. 연합복문은 병렬의 관계, 주종복문은 종속의 관계이다.

(1) 연합복문[联合复句]

연합복문은 내부 각 단문 간의 관계가 평등하다. '병렬', '선택', '승접', '점증'이 있다.

1) 병렬[并列]— 관용어 ⇒ 也(~또한) ; 又(또) ; 还(또한) ; 同时(동시에)

同样(마찬가지로) ; 另外(별도로)

既……也(又) ; (~할뿐만 아니라 ~도 또한 ~하다)

又……又…… ; (~하기도 하고 ~하기도 하고)

一边……一边…… ; (~하면서 ~한다)

有时……有时…… ; (어떤 때는 ~하고, 어떤 때는 ~한다)

不是……而是…… ; (~이 아니라 ~이다)

是……不是…… ; (~이지 ~이 아니다)

① 中国地大物博，人口众多。(중국은 땅이 크고 물자가 풍부하며, 인구가 대단히 많다)

② 他既是篮球队员，又是排球队员。(그는 농구선수일뿐만 아니라 또한 배구선수이기도 하다)

③ 未来是你们的，也是我们的。(미래는 너희들의 것이기도 하고 우리들의 것이기도 하다)

④ 不是你的，而是他的。(네 것이 아니라 그의 것이다)

⑤ 要讲团结，不要搞分裂。(단결을 해야지, 분열을 해서는 안 됩니다)

⑥ 我一边吃饭，一边看电视。(나는 밥을 먹으면서 TV를 본다)

2) 선택[选择]— 관용어 ⇒ 或(者)(혹, 혹은) ; 或是 ; 还是

或(者)……或(者) ; (~하든지 혹은 ~하든지)

……是……还是 ; (~이든지 아니면 ~이든지)

要么……要么…… ; (~하든지 아니면 ~하든지)

不是……就是…… ; (~아니면 ~이다)

与其……(还,倒)不如…… ; (~하기보다는 차라리 ~하다)

宁可(宁肯,宁愿)……也不……(~하기보다는 차라리 ~하다)

① 或是你去，或是我去，或是他去。(네가 가든지 내가 가든지 그가 가든지)

② 不是鱼死，就是网破。(고기가 죽든지, 그물이 찢어지든지)

③ 与其这样，还不如不来呢。(이렇게 하느니 안 오는게 낫다)

④ 与其闲着, 不如找点事做。 (이렇게 한가하느니 할 일을 좀 찾는 게 낫겠다)

⑤ 我宁可撕了, 也不给你。 (내가 찢어버릴지언정 너에게 주진 않겠다)

⑥ 你去北京, 还是去上海？(베이징으로 갑니까, 아니면 상하이로 갑니까?)

⑦ 或者去北京, 或者去上海, 我觉得都可以。 (베이징으로 가든, 상하이로 가든, 내 생각에
는 모두 괜찮아요)

3) 승접[順承]—연속적으로 발생하는 몇 개의 사건을 표시

관용어 ⇒ 再(다시) ; 便(곧) ; 然后(그런 후에) ; 接着(계속해서)

首先……然后…… ; (우선 ~하고 그 이후에 ~한다)

刚……就…… ; (방금 ~하고 곧 ~한다)

① 他穿好衣服, 就出门去了。 (그는 옷을 입고나서 밖으로 나갔다)

② 你先喝口水, 然后再干活。 (우선 물을 마시고 그 뒤에 다시 일을 하세요)

③ 一下课, 我就去吃饭。 (수업이 끝나면 나는 곧 밥을 먹으러 간다)

4) 점증[递进]—점증관계 표시

관용어 ⇒ 且(더욱이) ; 更(더욱) ; 还(또한) ; 而且(게다가) ; 并且(또한, 그리고)

甚至(더욱이, 더 나아가서는) ; 尤其(더욱이, 특히)

不但……而且…… ; (~일뿐만 아니라 ~이다)

不仅……还…… ; (~일뿐만 아니라 ~이다)

尚且……何况…… ; (~에도 불구하고 하물며 ~하다)

① 风越来越大了, 而且还飘起来了雪花。 (바람이 점점 커질 뿐만 아니라 눈꽃이 나부끼기
시작했다.)

② 我们要具有分析问题的能力, 还要具有解决问题的能力。 (우리는 문제를 분석할 능력을
갖출 뿐만 아니라 문제를 해결할 능력도 갖춰야 한다)

③ 这本书好, 那本书更好。 (이 책이 좋고, 저 책은 더욱 좋다)

④ 她不但漂亮, 而且聪明。 (그녀는 예쁠뿐만 아니라 또한 총명하기도 하다)

(2) 주종복문[主从复句]

주종복문에서는 단문 간의 관계가 '주(主)'와 '종(從)'의 논리적 관계를 이룬다. 즉 하나의 단문이 또 하나의 단문을 의미적으로 수식하거나 제한하는 작용을 한다.

1) 전환[转折]
두 개의 상반되거나 상대적인 의미를 표시하는 복문이다.
관용어 ⇒ 可(그러나) ; 却(도리어, 오히려) ; 可是(그러나) ; 不过(그러나)
　　　　 然而(그러나) ; 反而(도리어) ; 只是(그런데, 그렇지만)
　　　　 虽然……但是…… ; (비록 ~일지라도 그러나 ~하다)
　　　　 尽管……(但是/却)…… ; (설사 ~일지라도 도리어 ~하다)
　　　　 虽说……然而…… ; (비록 ~라고 이야기할지라도 그러나 ~하다)

① 你想听，可我不想唱了。(너는 듣고싶겠지만 나는 노래를 부르고 싶지 않아졌다)

② 他年纪小，胆子可不小。(그는 나이가 어리지만 담은 작지 않아요)

③ 我请求他帮我一把，但是他拒绝了。(나는 그에게 한 번 좀 도와달라고 간청했다. 그러나 그 사람은 거절했다)

④ 尽管天气不好，但是我要去。(설사 날씨가 좋지 않더라도 나는 가야만 한다)

⑤ 我想去，不过没时间。(나는 가고싶지만 시간이 없다)

2) 인과[因果] —관용어 ⇒ 由于(~때문에) ; 所以(그래서) ; 因此(그래서)
　　　　　　　　　　 因为……所以…… ; (~때문에 그래서 ~하다)
　　　　　　　　　　 既然……就…… ; (기왕 한 이상 곧 ~하다)
　　　　　　　　　　 既然……那么…… ; (기왕 ~된 바에야 그러면 ~)

① 因为天气太热，所以要注意防暑。(날씨가 매우 덥기 때문에 더위를 피하는데 주의를 해야 합니다)

② 既然大家没有异议，那么就这样决定了。(모두들 이의가 없으시니, 그렇다면 이렇게 결정하겠습니다)

③ 因为时间不够，所以我没复习完。(시간이 많지 않아서 나는 복습을 다 하지 못했다)

④ 你既然错了，就承认错误吧。(기왕 잘못된 바에야 실수를 인정해라)

3) 조건[条件]—관용어⇒

    (A: 조건 있음: 有条件) 便 ; 就

        只要⋯⋯就⋯⋯ ; (~하기만 하면 곧 ~하다)

        一旦⋯⋯就⋯⋯ ; (일단 ~하기만 하면 곧 ~하다)

        只有⋯⋯才⋯⋯ ; (~해야만 비로소 ~하다)

        除非⋯⋯才⋯⋯ ; (반드시 ~해야만 비로소 ~하다)

① 除非发展生产，才能提高生活。(생산을 발전시켜야만 비로소 생활을 제고시킬 수 있다)

② 只有这样才行。(이렇게 해야만 된다)

③ 只要他认错，我就原谅他。(그가 잘못 생각하기만 했다면 나는 곧 그를 용서할 것이다)

④ 只要你认真去做，就会做得好。(네가 진지하게 하기만 한다면 곧 잘 할 수 있을거야)

⑤ 只有你，才能说服他。(너만이 비로소 그를 설득할 수 있다)

    (B: 조건 없음: 无条件) 无论⋯⋯都⋯⋯ ; (~을 막론하고 모두 ~하다)

        不论⋯⋯都⋯⋯ ; (~을 막론하고 모두 ~하다)

        不管⋯⋯都⋯⋯ ; (~에 관계하지 않고 모두 ~하다)

① 不论是谁，一律不见。(누구를 막론하고 아무도 안 보겠다.)

② 不管刮风、下雨，他都照常上班。(바람이 불든, 비가 오든 그는 평상시처럼 출근한다)

③ 无论是谁，都不能搞特殊。(누구를 막론하고 모두 예외가 없다)

4) 가설[假设]—관용어⇒

    (A: 가설과 결과 일치)--那(그렇다면) ; 那么(그렇게) ; 就(곧) ; 则(즉)

    如果(假如, 假使, 假若, 倘若, 要是)⋯⋯就(那么, 那, 则, 也) ; (만약에 ~한다면 곧 ~한다)

① 如果你准时到的话，就不会错过这次会面了。(만약에 네가 제 시간에 도착한다면 이 만남은 틀리지 않을 것이다)

② 要是你不答应的话，他肯定会跟你翻脸的。(네가 대답을 안 한다면 그는 분명히 너를 외면할 것이다)

③ 如果你想去，就去吧。(당신이 가고싶다면 곧 가세요)

　(B: 가설과 결과 불일치)--也 ; 还

　　即使(就是, 纵使, 纵然)……也(还)…… ; (설사 ~일지라도 ~한다)

　　① 即使你跪下求他, 他也不会答应的。 (비록 네가 그에게 무릎을 꿇고 구한다 하더라도 그는 대답하지 않을 것이다)

　　② 即使再难, 我也不怕。 (설사 더 어렵다 하더라도 나는 또한 두렵지 않아요)

　　③ 今天就是有考试, 也不会太难。 (오늘 설사 시험이 있다 하더라도 또한 너무 어렵지는 않을 것이다)

5) 목적[目的]—관용어⇒

앞의 구는 동작행위만을 표시하고, 뒤의 구는 동작행위의 목적을 표시한다.

A) 목적달성: 以(~로써) ; 以便(~하도록) ; 为了(~을 위하여) ; 用以(~을 사용해서)
　　　　　　　借以(~에 의해서) ; 为的是(~때문이다)

　　① 多存些钱, 用以将来买房子。 (장래에 집을 사기 위해서 돈을 많이 모은다)

　　② 为了将来, 现在我必须努力学习。 (미래를 위해서 나는 현재 열심히 공부해야 한다)

　　③ 现在省吃俭用, 为的是将来能过上好日子。 (현재 적게 먹고, 절약하는 것은 미래에 잘 살기 위해서이다)

B) 회피: 以免 ; 免得 ; 以防(~하지 않기 위해서)

　　① 把要买的东西都写在一张纸上, 免得忘了。 (사려고 하는 물건을 모두 하나의 종이 위에 쓴다. 잊어버리지 않기 위해서)

　　② 出去的时候多穿点儿衣服, 以免感冒。 (외출할 때는 옷을 좀 많이 입어야 해요, 감기 걸리지 않도록)

　　③ 小点声, 以免吵醒了孩子。 (소리를 좀 작게 해. 아이가 깨지 않게 하기 위해서)

　　④ 带上伞吧, 以防下雨。 (우산을 가져 가거라, 비맞지 않도록)

6) 긴축문[紧缩句]

A) 긴축문은 단문과 단문이 긴밀하게 연결되어 있어서, 논리적인 의미관계를 가지고 있다.

① 他一看就会。(그는 한 번 보기만 하면 할 줄 안다)

② 他非去不可。(그가 가지 않으면 안 된다)

③ 你请我就来。(당신이 나를 초청해서 오게 한다)

④ 任何人都要吃饭。(어떤 사람이든간에 밥을 먹어야 한다)

⑤ 你不干也行。(네가 하지 않아도 괜찮다)

⑥ 再苦也不怕。(더더욱 고생스럽다 하더라도 두렵지 않다)

⑦ 这人越来越怪了。(이 사람은 점점 더 이상해진다)

B) 긴축구문과 일반 단문의 비교

(1) 紧缩句 (논리적 의미관계 있으나 하나의 문장)

① 一学就会。(배우기만 하면 할 수 있다)

② 他非去不可。(그는 가지 않으면 안 된다)

③ 我们不见不散。(우리 꼭 만날 때까지 기다리는 거다)

(2) 单句 (단순한 설명, 하나의 문장)

① 我学会了。(나는 배워서 할 줄 안다)

② 李赫不能不去。(리흐어는 할 수 없이 간다)

③ 我们在电影院门口见面吧。(우리는 영화관 입구에서 만납시다)

(3) 复句 (논리적 의미관계가 있으며, 문장이 두 개 이상)

① 天天不学习, 所以成绩下降了不少。(매일매일 공부 안 해서 성적이 적지 않게 떨어졌다)

② 他刚刚学完, 就会做了。(그는 방금 다 배워서 만들 수 있다)

③ 假如我做错了什么, 你要提醒我。(내가 무슨 틀린 것이 있다면 당신이 나를 일깨워주
세요)

제7장
문장 분석

문장 분석

01 복합어구

- 복합어구는 단순어구가 일정한 조합방식에 의해 결합된 문법구조를 말한다.

  ① 请他吃饭。(그를 식사초대하다)--겸어문

  ② 下河抓鱼。(냇가에 내려가 고기를 잡다)--연동문

  ③ 听说有人要来。(올 사람이 있다는 얘기를 들었다)--술빈구조 내의 겸어문

  - '有人要来'라는 겸어문이 동사구 '听说'의 목적어가 됨

  ① 新大衣的扣子。(새 코트의 단추)--관형어 내의 수식구조
  - '新大衣的'라는 관형어는 다시 관형어 '新'과 중심어 '大衣'의 결합구조

- 복합어구의 내부는 보통 두 개 혹은 두 개 이상의 구조적 계층성이 존재하며, 내부 계층구조의 수효나 정도는 모두 다르다.

확
장

1. 请他吃午饭。(그를 청해 점심밥을 먹다) → 请他(述宾) + 他吃午饭(主谓)。

2. 请他到餐厅吃午饭。(그를 청해 식당에 도착해서 점심밥을 먹다)

3. 请他到学校餐厅吃午饭。(그를 청해 학교 식당에 도착해서 점심밥을 먹다)

4. 务必请他到学校餐厅二楼的快餐部吃午饭。

   (반드시 그를 초청해서 학교식당 2층의 패스트푸드점에서 점심을 먹게해야 한다)

02 어구[语句]의 확장

• 어구의 확장은 문법구조의 다양화, 복잡화의 한 수단이다. '삽입식' 확장과 '첨가식' 확장
으로 나뉜다.

　1) 삽입식: 어구 내부에 일정한 언어성분 삽입

　　① 吃饭 → 吃完了饭(밥을 다 먹었다)--(술어와 목적어 사이에 '完了' 삽입)

　　② 写信 → 写一封信(편지 한 통을 쓰다)--(술어와 목적어 사이에 '一封' 삽입)

　2) 첨가식: 어구의 앞뒤 부분에 다른 언어성분 첨가

　　① 大衣的扣子 → 新大衣的扣子(새로운 코트의 단추)--('大衣' 앞에 '新' 첨가)

　　② 爱人让我休息 → 爱人让我休息两天(아내가 나로 하여금 이틀 동안 쉬게 했다)--(술어
　　뒤에 '两天' 추가)

03 문법구조의 계층성

- 모든 문법구조는 일정한 규칙에 의한 일련의 조합으로 구성되며, 이는 일종의 부호와 부호 간의 결합으로 이루어져 있어서 분석시 계층적으로 분화시킬 수 있다.

- '제3장 문장성분과 기본문형'의 학습을 통해 알 수 있듯이, 중국어의 모든 문장은 기본 문장성분 간의 적절한 조합에 의해 구성되며, 이는 오랫동안 중국인의 언어생활을 통해 규범화되어 온 규칙에 의한 것이므로 이를 벗어난 언어의 사용은 비문(非文)으로 배척될 수밖에 없다. 따라서 정확한 언어규칙인 '문법'을 확실히 학습, 인지하기 위한 기초 지식으로 중국어 문법구조 내의 계층성을 파악해야 할 것이다.

- 아래 예시한 문장을 각 성분들로 나누어 이들 간의 구조적, 의미적 관계를 파악해보면 개별 단어들이 층차적으로 조합되어 복잡한 구조를 이루어 나감을 알 수 있다.

人们　　大概　　已经　　全部　　知道了　这 件　事情。(사람들이 대개 이미 전부 이 일을 알아버렸다)

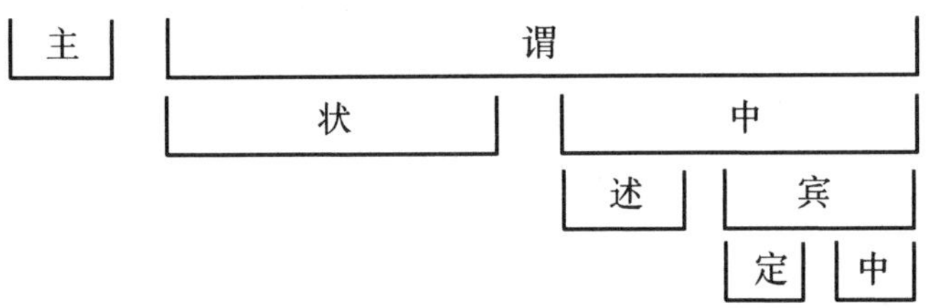

① 주어: 人们　　　　　　　술어: 大概已经全部知道了这件事情 [主谓结构]

② 부사어: 大概已经全部　　중심어: 知道了这件事情 [状中结构]

③ 술어: 知道了　　　　　　목적어: 这件事情 [述宾结构]

④ 관형어: 这件　　　　　　중심어: 事情 [定中结构]

⑤ 관형어: 这　　　　　　　중심어: 件 [定中结构]

04 계층분석법

(1) '계층분석법'이란 복잡한 문법구조를 단계별로 분석하는 연구방법인데, 문법구조 내부의 계층 단위에 따라 순차적으로 분석하여 최소 단위의 '단어'까지 분석해가는 방법이다.

(2) 계층분석법의 목적은 어구 내부의 계층 관계를 밝혀냄으로써 문법적인 분석을 하고 작문과 회화에 활용할 수 있도록 함이다.

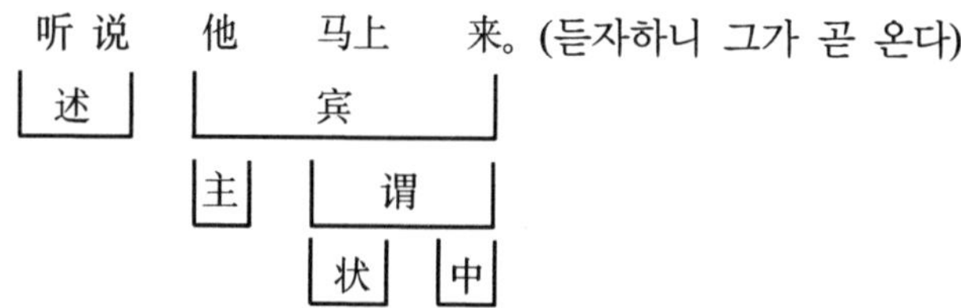

① 술어 : 听说   목적어 : 他马上来 [述宾结构]

② 주어 : 他   술어 : 马上来 [主谓结构]

③ 부사어 : 马上   중심어 : 来 [状中结构]

(3) 문법구조의 확장

1) 점증관계

① 　　　　　　看 / 英语书(영어책을 보다)

② 　　　　喜欢 / 看英语书(영어책 보는 것을 좋아한다)

③ 　　　他 / 喜欢看英语书(그는 영어책 보는 것을 좋아한다)

④ 　　知道 / 他喜欢看英语书(그가 영어책 보는 것을 좋아하는 것을 안다)

⑤ 我 / 知道他喜欢看英语书(나는 그가 영어책 보는 것을 좋아하는 것을 안다)

2) 계층분석

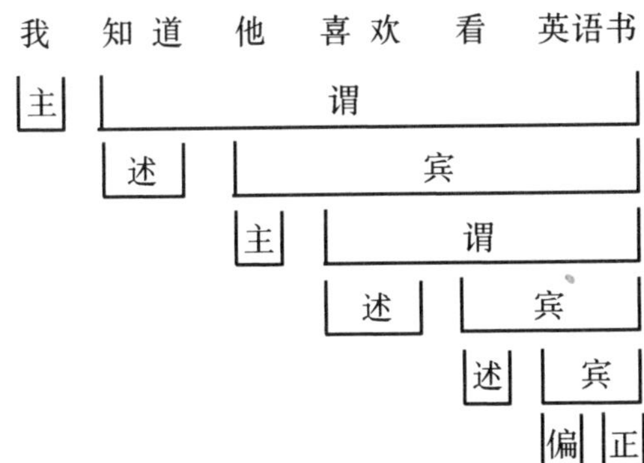

这 是 一 种 耐 酸 耐 高 温 的 材 料。 (이것은 내산성이 있고 고온에 잘 견디는 재료이다)

① 주어 : 这　　　　　　　　　술어 : 是一种耐酸耐高温的材料。

② 술어 : 是　　　　　　　　　목적어 : 一种耐酸耐高温的材料。

③ 관형어 : 一种　　　　　　　중심어 : 耐酸耐高温的材料

④ 관형어 : 一　　　　　　　　중심어 : 种

⑤ 관형어 : 耐酸耐高温的　　　중심어 : 材料

⑥ 병렬관계 : 耐酸 / 耐高温

⑦ 술어 : 耐　　　　　　　　　목적어 : 酸

　술어 : 耐　　　　　　　　　목적어 : 高温

我不知道你知道不知道。 (나는 네가 아는지 모르는지 모르겠다)

① 주어 : 我　　　　　　　　　술어: 不知道你知道不知道。

② 술어 : 不知道　　　　　　　목적어 : 你知道不知道。

③ 부사어 : 不　　　　　　　　중심어 : 知道

④ 주어 : 你　　　　　　　　　술어 : 知道不知道

⑤ 병렬관계 : 知道不知道

3) 간단한 어구 분석연습

① 调查情况 (상황을 조사하다) -- (술어+목적어)
　　　　　　(조사하는 상황) -- (관형어+중심어)

② 练习时间 (연습시간) -- (관형어+중심어)

③ 加强联系 (연락을 강화시키다) -- (술어+목적어)

④ 我弟弟 (내 동생) -- (관형어+중심어)

⑤ 学得很好 (배운 정도가 매우 좋다. 잘 배웠다) -- (술어+보어)

⑥ 学习成绩 (학습 성적) -- (관형어+중심어)

⑦ 学习语法 (문법을 공부하다) -- (술어+목적어)

⑧ 历史研究 (역사 연구) -- (관형어+중심어)

⑨ 进行调查 (조사를 진행하다) -- (술어+목적어)

⑩ 写完 (다 쓰다) -- (술어+보어)

⑪ 上街 (거리에 가다) -- (술어+목적어)

⑫ 谁的铅笔 (누구의 연필) -- (관형어+중심어)

(4) 계층분석연습 TIP

1) 你想问他什么？(너는 그에게 무엇을 묻고 싶니?)

① 주어 : 你　　　　　　　　술어 : 想问他什么 -- [主谓结构]

② 술어 : 想　　　　　　　　목적어 : 问他什么 -- [述宾结构]
　　(능원동사의 경우 대부분 타동사이기에 목적어를 가진다)

③ 술어 : 问他　　　　　　　목적어 : 什么 -- [述宾结构]
　　(이중 목적어의 경우 동사와 첫 번째 목적어를 하나로 묶는다)

④ 술어 : 问　　　　　　　　목적어 : 他 -- [述宾结构]

2) 吓了他一跳。(깜짝 놀라서 그가 한발 짝 뛰었다)

① 술어 : 吓了他　　　　　　보어 : 一跳 -- [述补结构]

('了'는 허사이기에 실사인 '吓'와 한 덩어리를 이룬다)

('一跳'는 동량보어이기 때문에 술어를 '吓了他'까지 묶는다)

② 술어 : 吓了 　　　　　　　　목적어 : 他 -- [述宾结构]

③ 관형어 : 一 　　　　　　　　중심어 : 跳 -- [定中结构]

3) 他告诉我一个好消息。(그가 나에게 하나의 좋은 소식을 알려주었다)

① 주어 : 他 　　　　　　　　술어 : 告诉我一个好消息 -- [主谓结构]

② 술어 : 告诉我 　　　　　　목적어 : 一个好消息 -- [述宾结构]

③ 술어 : 告诉 　　　　　　　목적어 : 我 -- [述宾结构]

④ 관형어 : 一个 　　　　　　중심어 : 好消息 -- [定中结构]

⑤ 관형어 : 一 　　　　　　　중심어 : 个 -- [定中结构]

⑥ 관형어 : 好 　　　　　　　중심어 : 消息 -- [定中结构]

4) 我只写过三首诗。(나는 단지 세 수의 시를 써 본 적이 있다)

① 주어 : 我 　　　　　　　　술어 : 只写过三首诗 -- [主谓结构]

② 술어 : 只写过 　　　　　　목적어 : 三首诗 -- [述宾结构]

③ 부사어 : 只 　　　　　　　중심어 : 写过 -- [状中结构]

④ 관형어 : 三首 　　　　　　중심어 : 诗 -- [定中结构]

⑤ 관형어 : 三 　　　　　　　중심어 : 首 -- [定中结构]

5) 你等他一回儿。(너 잠시만 그를 기다려라)

① 주어 : 你 　　　　　　　　술어 : 等他一会儿 -- [主谓结构]

② 술어 : 等他 　　　　　　　보어 : 一回儿 -- [述补结构]

③ 술어 : 等 　　　　　　　　목적어 : 他 -- [述宾结构]

④ 관형어 : 一 　　　　　　　중심어 : 回儿 -- [定中结构]

6) 我们必须做好一切准备。(우리는 반드시 모든 준비를 완벽하게 해내야 한다)

    ① 주어 : 我们　　　　　　　술어 : 必须做好一切准备 -- [主谓结构]

    ② 술어 : 必须做好　　　　　목적어 : 一切准备 -- [述宾结构]

    ③ 부사어 : 必须　　　　　　중심어 : 做好 -- [状中结构]

    ④ 술어 : 做　　　　　　　　보어 : 好 -- [述补结构]

    ⑤ 관형어 : 一切　　　　　　중심어 : 准备 -- [定中结构]

7) 大家可以都试一试。(여러분은 모두 해봐도 됩니다)

    ① 주어 : 大家　　　　　　　술어 : 可以都试一试 -- [主谓结构]

    ② 술어 : 可以　　　　　　　목적어 : 都试一试 -- [述宾结构]

    ③ 부사어 : 都　　　　　　　중심어 : 试一试 -- [状中结构]
    ('试'와 '一试'는 병렬구조)

8) 我们衷心地希望你能取得成功。(우리는 충심으로 네가 성공을 얻기를 바란다)

    ① 주어 : 我们　　　　　　　술어 : 衷心地希望你能取得成功 -- [主谓结构]

    ② 술어 : 衷心地希望　　　　목적어 : 你能取得成功 -- [述宾结构]

    ③ 부사어 : 衷心地　　　　　중심어 : 希望 -- [状中结构]

    ④ 주어 : 你　　　　　　　　술어 : 能取得成功 -- [主谓结构]

    ⑤ 술어 : 能　　　　　　　　목적어 : 取得成功 -- [述宾结构]

    ⑥ 술어 : 取得　　　　　　　목적어 : 成功 -- [述宾结构]

9) 这个问题值得我们重视。(이 문제는 우리가 중시할 필요가 있다)

    ① 주어 : 这个问题　　　　　술어 : 值得我们重视 -- [主谓结构]
    (值得 + V : ~할 가치가 있다)

    ② 관형어 : 这个　　　　　　중심어 : 问题 -- [定中结构]

③ 술어 : 值得   목적어 : 我们重视 -- [述宾结构]

④ 주어 : 我们   술어 : 重视 -- [主谓结构]

10) 我就喜欢这么干。(우리는 이렇게 하는 걸 좋아합니다)

① 주어 : 我   술어 : 就喜欢这么干 -- [主谓结构]

② 술어 : 就喜欢   목적어 : 这么干 -- [述宾结构]

③ 부사어 : 就   중심어 : 喜欢 -- [状中结构]

④ 부사어 : 这么   중심어 : 干 -- [状中结构]

11) 今天可能要下雨。(오늘은 아마도 비가 내렸으면 좋겠다)

① 주어 : 今天   술어 : 可能要下雨 -- [主谓结构]

② 술어 : 可能   목적어 : 要下雨 -- [述宾结构]

③ 술어 : 要   목적어 : 下雨 -- [述宾结构]

④ 술어 : 下   목적어 : 雨 -- [述宾结构]

12) 我决定把这些书送学校。(나는 이 책을 학교에 보내기로 결정했다)

① 주어 : 我   술어 : 决定把这些书送学校 -- [主谓结构]

② 술어 : 决定   목적어 : 把这些书送学校 -- [述宾结构]
   ('把这些书'와 '送学校'는 '把'자 구문)

③ 술어 : 送   목적어 : 学校 -- [述宾结构]

13) 他说话不清楚。(그는 말하는 게 명확하지 않다)

① 주어 : 他   술어 : 说话不清楚 -- [主谓结构]

② 주어 : 说话   술어 : 不清楚 -- [主谓结构]

③ 술어 : 说   목적어 : 话 -- [述宾结构]

④ 부사어 : 不 　　　　　　중심어 : 清楚 -- [状中结构]

14) 你写的那篇文章很好。(네가 쓴 그 문장은 정말 좋다)

　① 주어 : 你写的那篇文章 　　술어 : 很好 -- [主谓结构]

　② 관형어 : 你写的 　　　　중심어 : 那篇文章 -- [定中结构]

　③ 주어 : 你 　　　　　　술어 : 写 -- [主谓结构]

　④ 관형어 : 那篇 　　　　중심어 : 文章 -- [定中结构]

　⑤ 관형어 : 那 　　　　　중심어 : 篇 -- [定中结构]

　⑥ 부사어 : 很 　　　　　중심어 : 好 -- [状中结构]

15) 我最好的朋友来了。(나의 가장 친한 친구가 왔다)

　① 주어 : 我最好的朋友 　　술어 : 来了 -- [主谓结构]

　② 관형어 : 我 　　　　　중심어 : 最好的朋友 -- [定中结构]

　③ 관형어 : 最好的 　　　중심어 : 朋友 -- [定中结构]

　④ 부사어 : 最 　　　　　중심어 : 好 -- [状中结构]

16) 我们要保护广大人民的利益。(우리는 광대한 인민의 이익을 보호해야만 한다)

　① 주어 : 我们 　　　　　술어 : 要保护广大人民的利益 -- [主谓结构]

　② 술어 : 要 　　　　　　목적어 : 保护广大人民的利益 -- [述宾结构]

　③ 술어 : 保护 　　　　　목적어 : 广大人民的利益 -- [述宾结构]

　④ 관형어 : 广大人民的 　　중심어 : 利益 -- [定中结构]

　⑤ 관형어 : 广大 　　　　중심어 : 人民 -- [定中结构]

제8장
기의구조[歧义结构]

기의구조[歧义结构]

01 기의구조(歧义构造)란?

- '기의구조'란, 하나의 어구나 문장이 두 가지 이상의 의미로 해석될 수 있는 어법구조를 말한다. 이는 고립어(孤立語)로서의 중국어가 가지고 있는 특성이며, '조사, 접사, 어미' 등의 허사성분이 발달하지 않았기 때문에 생길 수 있는 문제이다. 즉, 조사나 어미가 문장성분의 특성을 확정짓는 기타 언어와 달리 중국어는 단순히 어순(語順)이 중요한 문법적 구실을 하기 때문이다.

- 대화 중 문장의 의미를 이해할 때는 개별 단어를 한 글자씩 순차적으로 이해하는 것이 아니라, 먼저 내부의 어구(語句)단위로 묶어서 이해하게 된다.

- 중국어는 띄어쓰기도 하지 않는 언어이기 때문에 앞뒤 문맥이나 화용적 상황에 따라 적절한 해석을 해야 한다. 문장성분의 의미적 관계에 따라 어구를 적절히 끊어 읽어야 한다.

- 하나의 문장이 아닌 여러 뜻을 지닌 구조

    A. 咬死猎人的　狗 (사냥꾼을 물어죽인 개) -- [定中]

    B. 咬死　猎人的狗 (사냥꾼의 개를 물어 죽였다) -- [述宾]

A. 发现了敌人的　哨兵 (적을 발견했던 초병) -- [定中]

B. 发现了　敌人的哨兵 (적의 초병을 발견했다) -- [述宾]

A. 没有买票 的 (표를 사지 않았던 사람) -- [VP+的]

B. 没有　买票的　(표를 산 사람이 없다) -- [述宾]

02 기의구조 발생의 원인

(1) 다양한 계층분석의 가능성: 문장성분 간의 관계를 어떻게 분석하느냐에 따라 의미가 달라진다.

A. 四个实验室的　人员 (네 실험실의 사람)--실험실이 네 개

B. 四个　实验室的人员 (네 명의 실험실 사람)--사람이 네 명

A. 他们(是)　两个人一组 (그들은 두 명이 한 조이다)--전체가 몇 명인지 모름

B. 他们两个人　一组 (그들 두 명은 한 조이다)-'그들 두 명'을 강조

(2) 상이한 문법구조의 존재 가능성: 해석은 전후 문맥을 보고 판단

A. 出租 汽车(빌린 자동차)　　　出租 汽车(자동차를 빌리다)
　 (定中)　　　　　　　　　　(述宾)

B. 学习 文件(학습문건)　　　　学习 文件(문건을 학습하다)
　 (定中)　　　　　　　　　　(述宾)

C. 复印 材料(복사할 자료)　　　复印 材料(자료를 복사하다)
　 (定中)　　　　　　　　　　(述宾)

D. 语音 标准(어음표준)　　　　语音 标准(어음이 표준적이다)
　 (定中)　　　　　　　　　　(主谓)

3) 문법구조 배후의 語義(말의 뜻) 관계의 다양성

   A. 反对的是他 (동작의 주체[施事], 동작의 객체[受事] 모두 가능)
      '施事'를 강조: 반대한 사람은 바로 그다.
      '受事'를 강조: 반대한 것은 그다(그를 반대했다).

   B. 开刀的是他父亲 (동작의 주체[施事], 동작의 객체[受事] 모두 가능)
      '施事'를 강조: 수술을 실시한 사람은 그의 아버지다.
      '受事'를 강조: 수술 받은 것은 그의 아버지다.

미 주

1) '*'는 문법에 맞지 않는 비문(非文)을 뜻함.

2) 예 ③, ④, ⑤의 경우, 중국인들이 이러한 문장을 사용하는 것은 가능하지만, 즉 문법적으로는 사용 가능한 문장이지만 실제 언어 사용에서 의미상으로 부적합하기 때문에 본래 말하고자 하는 의미와 동떨어진다.

3) '我买了一斤苹果。'라는 문장에서 독립적으로 운용이 가능한 단어는 '我', '买', '了', '一', '斤', '苹果' 등 여섯 개다. 이 여섯 개의 단어로 조합이 가능한 문장은 여러 가지이지만, 상기 예에서는 이 중 여섯 개의 문장만 예시하여 설명하기로 한다.

4) 언어의 유형분류는 언어의 친속관계나 상호 영향에 의해 발생된 언어의 유사성에 근거하지 않으며, 오로지 언어구조의 공통성에 근거하여 분류한다. 프로이센·훔볼트(Karl W.F. von Humboldt : 1767-1835)는 고립어, 교착어, 굴절어 등 세 종류의 유형이 수많은 언어를 대표하는 기본구조로 인식한다.

   ① 孤立語 : 내부 형태변화가 없고, 접두사나 접미사가 없으며, 語順에 의해 문법관계를 나타낸다. 허사의 작용이 매우 중요하다(단어와 단어의 관계는 어순과 허사에 의해 표현된다). 다른 언어에서 詞頭나 詞尾를 이용하여 표시하는 의미나 개념을 고립어에서는 개별적인 낱말이나 글자를 이용하여 표시한다. 중국어는 상당히 전형적인 고립어로서 분석적인 구조를 갖추고 있다. 복수를 표시하는 '們'이나 '情態'를 표시하는 '了', '着', '過' 등과 같이 중국어에서도 단독으로 사용되지 못하는 낱말이 있기도 하지만 그 수는 많지 않으며, 詞綴로 여기기도 어렵다. ex) 중국어, 苗語, 태국어, 월남어, 미얀마어 등.

   ② 屈折語 : 다양하고 풍부한 내부 形態變化가 주된 특징이며, 어휘의 형태변화와 접두사 및 접미사의 활용으로 문법관계를 나타낸다. 하나의 변화형태소가 동시에 여러 개의 문법의미를 나타낼 수 있으며, 또한 하나의 문법의미를 몇 개의 서로 다른 형태의 형태소가 동시에 나타낼 수도 있다. 예, 영어의"books"와"looks"의"-s"는 서로 다른 문법의미 표시. "books"와"dishes"중의"-s"와"-es"는 모두 같은 문법의미 표시. 굴절어에서 단어와 단어 간의 관계는 주로 형태변화를 통하여 표시하며, 따라서 어순은 고립어만큼 중요하지 않다. 詞根과 詞尾의 결합이 매우 긴밀하다. ex) 영어, 독일어, 불어, 라틴어 등.

   ③ 膠着語(粘着語;附着語) : 내부 형태 변화는 없지만, 조사나 접사(접두사·접미사)등 附加成分에 의해 문법관계를 나타낸다. 詞根과 변화형태소(조사,접사) 간의 관계가 그다지 긴밀하지 않다. ex) 한국어, 일본어, 만주어, 몽고어, 핀란드어, 터키어 등.

   ④ 抱合語(輯合語) : 일종의 특수유형의 교착어. 내부 형태구조나 조직 법칙이 뚜렷하지 않으며, 서로 다른 형태소들이 연속적으로 긴밀히 결합하여 하나의 단어를 형성하지만 어휘와 문장의 경계가 모호하다. 한 어휘 내부에 목적어 등이 삽입된 형태로 나타나기도 한다. ex) 아메리카 원주민(인디언) 언어, 에스키모 언어, 일본 원주민(아이누족) 언어 등.

5) 중국어라고 해서 형식표지가 절대적으로 없는 것은 아니다. 동사나 형용사의 중첩형식(高兴 : 高高兴兴, 锻炼 : 锻炼锻炼), 혹은 "子, 儿, 头" 등의 접미사가 어떤 명사의 어미가 되는 것 등이 형식표지라 할 수 있다. 그러나 중국어는 인도유럽어족처럼 그렇게 계통적인 형태변화는 없고 일본어나 한국어처럼 조사나 접사 등의 부가성분이 발달하지도 않았다. 중국어의 각 품사들은 기본적으로 거의

형식표지가 없으며, 따라서 서로 다른 품사들 간에 가끔 구분이 명확치 않은 경우가 있다. 예를 들면, 첫째, 다품사어(兼类词)—"收获"은 동사로서는 "收割"의 의미, 또한 명사로서 "心得, 成果" 의미를 가리킴.

둘째, 동사와 형용사의 문법성질이 매우 비슷하여 모두 술어, 관형어, 부사어, 보어로 충당될 수 있음.

6) 정어(定語), 한정어(限定語), 수식어(修飾語)라고도 한다.

7) 피수식어(被修飾語)라고도 한다.

8) 고대중국어에는 양사(量詞)가 없었다. 예를 들면, 論語에 다음과 같은 구절이 있다.
"三人行，必有我师焉。" (세 사람이 함께 길을 가면, 거기엔 반드시 내가 스승 삼을만한 자가 있기 마련이다)

9) 예를 들어, '句'의 경우 'jù'라는 음과 '句'라는 글자 형식을 가지고 있고, '구'라는 뜻을 가졌다.

10) 연면어(連綿語)라고도 함. 두 음절로 연철(連綴)되어 이루어지고, 분리되어서는 의미를 갖지 못하는 단어를 가리킨다. 아래의 네 가지가 있다.

   1. 쌍성(雙聲): 伶俐, 蜘蛛, 参差, 尴尬, 鸳鸯

   2. 첩운(疊韻): 窈窕, 荒唐, 彷徨, 逍遥, 徘徊

   3. 非쌍성첩운: 芙蓉, 蝴蝶, 玛瑙, 垃圾

   4. 중첩(重疊): 匆匆, 萧萧, 蛐蛐

11) "汉语词、词组的构造原则和句子的构造原则基本上是一致的。", 《语法讲义》, 朱德熙.

12) 着: (zhe, zhuó, zháo)

   ① zhe : 동태조사 (동작의 진행, 상태의 지속)

   ② zhuó : 입다, 몸에 걸치다. 着衣(옷을 입다) 吃着不愁(먹는 것과 입는 것을 걱정하지 않다)

   ③ zháo : 결과보어로 사용되는 경우 (완성의 의미)

   找着了(다 찾았다) 我猜着了(정답을 맞췄다) 睡着了(잠이 들었다) 点着了(불이 붙었다)

13) '술어'의 중국어식 명칭. 주어와의 관계일 때는 '谓语', 목적어나 보어와의 관계일 때는 '述语'라 칭함.

14) '목적어'의 중국어식 명칭.

15) 영어나 한국어의 '보어'와는 개념과 용법이 다름.

16) '한정어', '수식어', '관형어'라고도 함. 모두 동일한 개념.

17) '부사어'를 지칭함.

18) '피수식어'라고도 함.

19) 중국어 문장에서 ( )괄호표시는 문장 중 출현하지 않을 수도 있음을 뜻함.

20) '受事'는 동작의 지배를 받는 대상을 가리킴.

21) '文法化'(Grammaticalization): 어휘적 형태가 문법적 형태로 혹은 덜 문법적인 형태에서 더 문법적인 형태로 변화하는 현상을 말하며, '虛辭化' 혹은 '虛化' 라고도 한다.

22) 부사어는 다른 말로 상황어(狀況語)라고도 한다.

23) '제3장 – 2.주어와 술어 - (2)술어'편 참조.

참 고 문 헌

马真, ≪简明实用汉语语法教程≫, 北京大学出版社, 1997.

刘月华·潘文娱, ≪实用现代汉语语法≫(增订本), 商务印书馆, 2001.

房玉清, ≪实用汉语语法≫(修订本), 北京大学出版社, 2006.

吕叔湘 主编, ≪现代汉语八百词≫(增订本), 商务印书馆, 1999.

北京大学中文系现代汉语教研室 编, ≪现代汉语≫(重排本), 商务印书馆, 1993.

吴永焕, ≪现代汉语≫, 中国人民大学出版社, 2003.

朱德熙, ≪语法答问≫, 商务印书馆,

朱德熙, ≪语法讲义≫, 商务印书馆,

相原茂, 石田知子·戶沼市子 원저; 박귀진·민병석 편역, <왜?라는 질문에 속시원히 답해주는 중국어문법책>,
　　　　시사에듀케이션, 2001.

彭小川·李守纪·王红 저; 강춘화·박영순·서희명 역, <틀리기 쉬운 중국어문법 201>, 다락원, 2007.

李宝贵 저, 임정빈·강혜성·장미라·郑琴 편역, <北京大學 중국어어법의 모든 것>, 동양books, 2012.

김종호·강희명 저, <중국어 쉬운 문법>, 다락원, 2011.

중국어 접사 일람표

	종류	보 기
명사 화접사	阿	阿姨 阿妈 阿爸 阿哥 阿婆 阿公
	老	老师 老婆 老板 老头 老外 老总 老兄 老大 老二 老弟 老虎 老鼠 老鹰 老乡 老好人 老百姓
	子	孩子 妻子 桌子 椅子 帽子 刷子 盖子 架子 夹子 骗子 塞子 起子 剪子 扣子 管子 棍子 棒子 胖子 瘦子 个子 傻子 袜子 筷子 梳子 镜子 笛子 碟子 板子 虫子 叉子 勺子 房子 本子 车子 钉子 帖子 盘子 刀子 弟子 弹子 胆子 凳子 橙子 池子
	儿	字儿 花儿 画儿 棍儿 圈儿 包儿 这儿 那儿 盖尔 豆儿 扣儿 老头儿 小孩儿
	头	石头 木头 骨头 前头 后头 心头 手头 额头 风头 劲头 眉头 卷头 想头 看头 吃头 苦头 甜头 玩头
	初	初一 初冬 初夏 初稿 初恋 初雪
	第	第一 第二 第三 第十 第二十
	度	程度 显度 温度 密度 力度 热度 浓度 硬度 强度 难度 厚度 高度 长度 宽度 速度 深度 角度 幅度 亮度 精度 国度
	家	专家 作家 画家 音乐家 书法家 建筑家 政治家 文学家 思想家 教育家 科学家 艺术家
	者	作者 记者 读者 编者 学者 患者 笔者 使者 强者 弱者 生者 死者 胜利者 参加者 统治者 设计者 消费者
	性	人性 兽性 恶性 良性 男性 女性 共性 个性 弹性 急性 慢性
	员	职员 教员 人员 演员 学员 会员 成员 飞行员 播音员 服务员 驾驶员 研究员 列车员
	长	校长 家长 所长 院长 队长 船长 厂长 部长 组长 市长 局长 省长
	士	护士 人士 战士 女士 男士 绅士 博士 硕士 学士
	师	导师 律师 厨师 教师 技师 摄影师 设计师 美容师 工程师 魔术师
	工	女工 木工 电工 车工 矿工 临时工
	手	歌手 选手 好手 巧手 黑手 帮手 对手 助手 高手 凶手 猎手
	学	文学 哲学 医学 汉学 科学 化学 美学 史学 力学 理学 语言学
	论	唯物论 唯心论 相对论 方法论 一元论 多元论
	观	主观 客观 人生观 世界观 宇宙观 历史观
	主义	现实主义 浪漫主义 实用主义 资本主义 共产主义
형용사 화접사	式	中式 西式 便携式 袖珍式
	型	新型 轻型 实用型 技术型 传统型
	可	可爱 可笑 可怜 可惜 可疑 可喜 可靠 可耻 可怕
	非	非正式 非重点 非法 非原则
동/명사 화접사	化	
	于	

중국어 문법용어 대조표

语法: 문법
语素: 형태소
  自由语素: 자립형태소
  不自由语素: 의존형태소
字: 글자
词: 단어, 낱말
  单纯词: 단순어
  合成词: 합성어
  复合词: 복합어
  派生词: 파생어
    词根: 어근
    词缀: 접사
    前缀 词头: 접두사
    后缀 词尾: 접미사
词组, 短语: 구
句子: 문, 문장
名词: 명사
代词: 대사
数词: 수사
量词: 양사
动词: 동사
  能愿动词 助动词: 능원동사 조동사
  趋向动词: 방향동사
  他动词: 타동사
  自动词: 자동사
形容词: 형용사
副词: 부사
介词: 전치사
连词: 접속사
助词: 조사

動态助词: 동태조사
结构助词: 구조조사
语气助词: 어기조사
叹词: 감탄사
拟声词: 의성사
主语: 주어
谓语(述语): 술어
补语: 보어
宾语: 목적어
定语: 관형어
状语: 부사어
中心语: 중심어
偏正结构: 수식구조
并列结构: 병렬구조
主谓结构: 주술구조
述补结构: 술보구조
述宾结构: 술빈구조
介宾结构: 전치사구조
兼语句: 겸어문
存现句: 존현문
被动句: 피동문
连动句: 연동문
疑问句: 의문문
反问句: 반어문
陈述句: 진술문
祈使句: 명령문
感叹句: 감탄문
无主句: 무주어문
紧缩句: 축약문

■ **저자 약력** ■

林 永 澤

단국대학교 중어중문학과 학사
베이징대학 중국언어문학과 석사
베이징대학 중국언어문학과 박사 (근대중국어 문법 전공)
서울디지털대학교 중국학부 교수 역임
現 서울신학대학교 중국어과 교수

이 저서는 2007년도 서울신학대학교 학술연구비 지원에 의한 저서임

중국어 핵심문법

초판인쇄 2013년 08월 31일
초판발행 2013년 09월 09일

저 자 임영택
발행인 윤석현
발행처 제이앤씨
책임편집 최인노 · 김선은
등록번호 제7-220호

우편주소 ㉾ 132-702 서울시 도봉구 창동 624-1 북한산 현대홈시티 102-1106
대표전화 02) 992 / 3253
전 송 02) 991 / 1285
홈페이지 http://www.jncbms.co.kr
전자우편 jncbook@hanmail.net

ISBN 978-89-5668-976-0   13720   정가 12,000원